오십 너머에도
천 개의 태양이 빛나고 있지

오십 너머에도 ───
천 개의 태양이 빛나고 있지

유인경 지음

테라코타°

나를 엄마로 또 할머니로 만들어 준
내 딸 유라에게

스스로 금빛으로 반짝이는 최고의 시기

나는 64세다. 곧 65세가 된다. 비틀스의 노래 'When I'm 64'를 처음 들었던 20대에 64세란 나이는 내게 화성이나 목성처럼 아득하고 먼 곳, 그러나 정중한 초대장을 받아도 절대 찾아가고 싶지 않은 세계였다. 폴 매카트니는 감미로운 목소리로 "당신은 내가 늙어 머리카락이 빠졌을 때도 발렌타인이나 생일에 카드를 보내 줄 건가요"라고 노래했지만, 그 가사는 너무 씁쓸했다.

어린 시절 가장 가까이서 만난 우리 할머니들(할아버지들은 모두 돌아가셨다)의 지금 내 나이 때 모습은 쪽진머리에 한복, 주름진 얼굴에 희로애락을 짐작할 수 없는 표정이셨다. 그리고 내가 일했던 신문사를 비롯해 매스컴에 등장하거나 묘사되는 노인들은 자글자글 구겨진 얼굴의 살아 있는 미라, 나잇값도 못 하는 철부지,

고집과 심술로 굳어진 표정, 탑골공원에서 친구도 없이 멍하니 하늘만 보며 앉아 있는 할아버지, 경로당에서 화투 치다 싸우는 할머니, 보이스피싱이나 다단계 사기의 어리석은 피해자들의 모습이 대부분이었다. 그러면서도 정작 우리 사회는 이 어르신들에게 나이에 맞는 관대함, 포용, 존경할 만한 미덕 등을 요구했다.

철학자이자 작가인 시몬 드 보부아르가 62세가 된 1970년에 발표한 목침처럼 두꺼운 책《노년》을 처음 읽었을 때는 충격적이었다. 그 책은 서문에서부터 나이 든다는 것에, 아니 자신이 노인으로 취급당하는 것에 분노와 억울함이 가득 차 있다. 문장을 읽어 내려갈 때마다 보부아르가 누군가 혹은 무엇인가 마음에 들지 않을 때 명백히 적대감을 표현하며 짓는다는 '낙타의 표정'이 사진처럼 그려졌다.

한 인간이 인생의 마지막 15년 또는 20년을 인수를 거절당한 불량품으로 살아야 한다는 사실은 우리 서양 문명의 실패를 나타낸다. 우리가 노인들을 거리를 돌아다니는 시체로 볼 것이 아니라 인생을 살아온 과거를 지닌 인간으로 본다면 이런 자명한 사실은 우리의 목을 메이게 할 것이다. 불필요한 것들을 절단해 버리는 우리의 사회 체제를 비난하는 자들은 이런 파렴치한 행위를 백일하에 드러내야 할 것이다.

드라마로도 제작된 일본 작가 우치다테 마키코의 소설 《끝난 사람》에서 정년을 맞은 남자 주인공은 "정년퇴직은 살아서 체험하는 장례식"이라고 중얼거린다. 내가 애정하는 미국 작가 필립 로스는 《에브리맨》이란 소설에서 "노년은 전투가 아니라 대학살"이라고 단언했다. 그뿐인가, 나와 친분 있는 부와 명성, 지성까지 다 갖춘 한 여성은 "70이 넘고 나니 늘 내 곁에 수류탄이 놓여 있는 느낌이야, 언제 터질지 몰라 불안해서 차라리 내가 터뜨리고 싶은…"이라고 말하며 슬픈 미소를 지어 보였다. 이런 표현을 보고 들으면 "죽어도 못 늙겠다"란 신음이 절로 나왔다.

어느덧 나도 착실하게 차근차근 늙어 가서 60대 중반에 진입했고 손자를 둔 할머니가 됐다. 2024년 말에는 공짜로 지하철을 탈 수 있는 진짜 노인이 된다. 머리보다 정직한 몸은 각 기관이 고장 나 쓸개 제거 수술과 백내장 수술을 받았다. 백발 마녀임을 감추기 위해 염색을 하고 주름 방지 화장품을 덕지덕지 바른다. 수시로 각종 비밀번호나 인증 번호 바꾸기를 강요받을 때, 햄버거 하나를 먹으려고 해도 키오스크에서 주문해야 할 때 짜증이 나다 못해 디지털 세상에 적응 못 하는 것이 못내 서럽다. 둔감한 손가락 탓에 "감사합니다"를 "간사합니다"라고 문자를 잘못 찍어 보내 놓고 머리를 쥐어뜯기도 한다.

그런데 나는 나이 들고 늙어 가는 것이 생각만큼 슬프거나 고통스럽지 않다. 청춘 시절을 찬란하지 않고 미지근하게 보내서 사라진 젊음에 미련도 없다. 오히려 나이 들어서야 명랑하고 낙천적인 나의 성격이 장점으로 받아들여지고 뻔뻔함도 용서되어 감사하다. 할머니가 되어 손자와 보내는 시간에 기쁨을 느낀다.

디지털 시대에 그럭저럭 순응하며 은행 창구에 가지 않고 앱으로 계좌이체도 척척 한다. 똑비(똑똑한 비서란 뜻이란다)란 앱을 다운 받아 딸 도움 없이 비행기나 고속버스표 예매도 해결한다. 운전을 못 하지만 카카오택시로 곳곳을 다니고 쿠팡으로 다음 날 아침 찬거리를 주문한다. 임영웅 팬이기도 하지만 BTS 멤버의 이름과 본명을 알고 그들의 신곡과 해외 반응을 체크한다. 지인들과 '핫 플레이스'라는 식당에 가고 마지막 수요일인 문화예술의 날에 전시회에 함께 가는 모임에 참석해 데이비드 호크니부터 홍대 대학생들의 작품전도 감상한다. 정년퇴직한 지 10년 차에 들어서지만 무기력하고 무채색의 날들을 보내지 않는다. 아니 직장 다닐 때보다 더 알록달록하고 '해야만 하는 일'이 아니라, 오롯이 '내가 원하는 일들'로 시간을 보내 스트레스 지수도 줄었다.

과거에 선배나 어르신들이 "너도 늙어 봐라"라는 말을 하셨다. 그 말이 "나이 들고 늙는 것이 얼마나 아프고 서러운지, 고독하고 억울하고 불안하고 막막한지 너희도 겪어 봐라"라는 저주의 말로 들렸다. 그러나 요즘 내가 듣는 선배들이나 어르신들의 "너도 늙어 봐라"라는 말은 그 의미가 다르다. 나이 들어 보니 생각보다 근사하다, 즐겁다, 뜻밖에 재미있다, 경험하지 못했던 평화와 보람을 느끼니 당신들도 그 세계로 들어와 보라는 초대의 말로 들린다.

104세인 김형석 교수는 95세 때 나와의 인터뷰에서 "100년 가까이 살아 보니 6, 70대 무렵이 가장 좋은 시절이었어요. 자녀 교육이나 부모 봉양의 책임에서도 벗어나고 그렇게 몸이 불편하지도 않아 나 자신에게 집중하고 평화로운 시기였습니다"라고 말씀하셔서 당시 50대였던 나는 60대가 은근히 기대됐다.

77세인 문정희 시인은 "늙어 가기도 너무 바빠"라며 MZ세대만큼 분주한 일정을 보낸다. 화려한 액세서리에 근사한 머플러 등의 차림으로 최근 신간이나 신작 영화 정보도 들려주는 시인에게는 싱싱한 기운이 느껴진다. 문 시인처럼 내공이 깊지 않지만 '나도 저렇게 나이 들어 가면 좋겠다'라고 옷깃을 여미게 된다.

젊은 여성 모델들의 전유물인 잡지 표지에도 골든 걸들이 등장했다. 대표적인 패션지 〈보그〉는 최근 90년대 슈퍼모델인 신디 크로포드, 나오미 캠벨 등을 표지에 소개했다. 언론에서 5, 60대 여성을 '노파'로 지칭하던 무식한 시절도 있었지만, 그들은 자기 관리를 온몸으로 보여 주며 여전히 아름다운 여왕의 건재함을 과시했다. 1990년대에 요리하고 집 안을 가꾸는 '살림의 여왕'으로 〈타임〉지 커버까지 장식했던 마샤 스튜어트는 81세가 된 2023년에 2, 30대 여성 모델들이 수영복을 입고 등장하는 〈스포츠 일러

스트레이티드〉잡지에 역대 최고령 모델로 비키니 차림으로 등장했다. 표지 촬영을 위해 자신의 시그니처였던 단아한 셔츠와 앞치마를 벗고 열 벌의 수영복을 갈아입었다는 그는 "내 나이대 여성도 충분히 아름답고 건강해 보일 수 있다는 것을 사람들에게 알려 주고 싶었다"라고 밝혔다.

최근 마틴 스코세이지 감독은 82세에 상영 시간만 3시간 30분인 〈플라워 킬링 문〉, 83세의 애니메이션 감독 미야자키 하야오는 〈그대들은 어떻게 살 것인가〉란 영화를 선보였다. 국내에서도 88세의 배우 신구 선생을 비롯해 박근형, 박정자 등 주연들의 연기 경력만 도합 220년이라는 배우들이 〈고도를 기다리며〉라는 연극 무대에 섰다.

주변을 살펴봐도 집에서 틀어박혀 지내는 노인들은 거의 없다. 다 뭔가 배우고 일하고 어느 모임이나 단체에 참여하며 보낸다.

그들은 고혈압에 당뇨약을 복용하고 임플란트 시술을 받았지만 대부분은 20대나 30대로 돌아가고 싶지는 않단다. 과거에 연연해하는 시간에 오늘을 충실히 살고, 자칫 100세까지 살 수도 있으니 더 나이 들어 후회하지 않기 위해 건강 관리도 하고 순간의 즐거움을 무시하지 않겠단다. 그래서 좋아하는 가수들의 공연장을 가고 등산도 가고 안 되면 동네 산책도 하고 뭔가를 부지런히 배우고 자격증도 따고 이웃을 위한 봉사도 하며 남들의 시선에 신경 쓰지 않고 자신의 기쁨을 위해 시간과 돈을 투자한다.

이런 세태를 반영하듯 전문 기관에서 예전에 뒷방 늙은이나 그림자 같은 존재로 무시했던 50대 이상의 어른들에게 갑자기 아부를 하고 있다. 뿐만 아니라 온갖 연구와 조사의 방향을 이들에게 맞추기 시작했다. 전에는 방송사의 시청률이나 상품 마케팅의 조사 대상도 묵시적으로 2049(20~49세)로 그들의 관심과 취향만 살폈다면, 최근에는 3059(30~59세)로 바뀌었단다. 실상 모든 역동적 소비지출이나 트렌드 변화에 신중년층(50~70대)이 주역으로 떠오르면서 칙칙하게 녹슨 실버가 반짝이는 골드로 격상되기 시작했다.

뒷방이나 벽장에 처박아 둔 세대, 언급하는 것조차 불편해하던 노인들에게 왕관을 씌우고 새 옷을 입혀 준다. 오팔족OPAL: Old People with Active Life(나이 들었지만 역동적으로 사는), A세대(Ageless 늙지 않는, Accomplished 성취한, Alive 생동감 있는), 그리고 WAVY Wealth, Active, Value, Youth(경제적 여유와 능동적 성향을 토대로 추구해 온 가치를 단단히 다지고 젊음을 놓치지 않으면서 새로운 100세 시대의 흐름을 주도해 가는 주인공) 등으로 명명하기 시작했다.

MZ세대들 사이에도 영감 할매 바람이 불기 시작했다. 할매와 밀레니얼의 합성어인 '할매니얼' 열풍이 그것이다. 2030 세대들이 갑자기 약과나 흑임자 미숫가루와 같은 할머니 입맛에 열광하고, 할아버지들의 옷장을 뒤져 찾아낸 듯한 구닥다리 카디건이나 스웨터를 복고풍 빈티지룩으로 입고 다닌다.

냄새나고 구질구질하다며 거리를 두던 노인들의 지갑과 건강에 갑자기 관심을 가져 주시니 황송하다고 말해야 하나. 진짜 'Old is Gold' 시대가 온 걸까. 실버를 갑자기 골드로 부른다고 진짜 순금이 되는 것은 아니다. 오히려 사악한 장사꾼들이 입힌 금박에 홀려 현실을 착각할 수도 있다. 순금은 숱한 시금파리에서 걸러내고 걸러내 얻어진, 세월과 함께 내가 획득한 자산이어야 빛이 난다.

나는 노인이나 노화에 관심이 많아 기원전 106년에 태어난 키케로의 《노년에 관하여》를 비롯해 수많은 노년에 관한 책과 자료를 읽어 왔다. 그런데 정작 내가 나이 들면서 전 세계적으로 놀랄 만큼 중장년층을 보는 세상의 시각이 변하고 있음을 체감한다.

몇 년 전 69세의 한 네덜란드 남성은 서류상의 나이와 자신의 정신과 몸의 상태가 너무 차이가 크다며 국가에 소송을 걸기도 했다. 자신은 신체도 너무 건강하고 마음은 청춘인데 왜 서류상의 숫자 나이에 지배를 받아야 하냐는 이유에서다. 철없어 보이지만 공감도 된다.

UN에서 새로운 연령 구분을 발표하며 18~65세를 청년, 66~79세를 중년으로 선언했다. 100세 시대가 되면서 우리의 생애 주기는 학교로 치면 학제가 개편된 셈이다. 전문가들은 평균 수명의 연장이 엄청난 혁명이라고 주장한다. 확실히 법이나 사회

구조의 변화보다 더 무서운 변화와 영향을 미친다.

그러나 아무리 청년기가 확장되었다 해도 60대에 18세 청년과 같은 체력이나 순발력을 유지하긴 힘들다. 100미터를 달려야 하는데 50미터를 달려온 속도와 의식으로 남은 50미터를 조급하게 달리면 탈진한다. 이제는 우리 스스로가 진짜 어른다운 지혜와 연륜으로 내 인생의 최고 황금기를 오래 근사하게 보내는 방법을 생각해 볼 때다.

인생을 먼저, 오래 살아 본 사람들이 입을 모아 말하는 50대 이후의 삶은 '온전히 자기 자신이 되어 보는 시간'이라고 한다. 부모나 가족의 요구나 기대 때문에 혹은 사회적 역할 때문에 자신의 재능과 내면의 목소리를 무시하고 살아왔던 시기에서 벗어나 새로운 방향으로 삶을 돌릴 수 있는 시간, 그리고 자신을 사랑하는 시간으로 채우고 물들여 가는 것이 우리의 책임이자 의무라는 것이다. 자신에게 사랑과 관심을 보낼 때 행복감도 커진다.

2014년 브루킹스 연구소의 조사 결과 20~40대 중반 사람들의 행복감이 가장 낮았다. 많은 응답자들이 55세를 기점으로 점점 행복해지며 인생의 막바지에 행복의 절정을 느끼는 것으로 나타났다. 나이 들어서 기쁘고 즐거운 일이 생겨서가 아니라 삶의 주도권이 자신에게 오기 때문이란다. 임상심리학자 메리 파이퍼는 "바람을 맞듯 세월에 따라 흘러가는 존재가 아니라 직접 노를 젓는 주체성, 두려움에서 벗어나 온전하게 자신의 의지에 따라 움직일 수 있는 자기 주도권이 노년의 행복도를 높인다"고 분석한다.

행복의 기본은 부와 명예가 아니라, 남의 시선에 신경 쓰지 않고 내 자신이나 주변을 내 맘대로 볼 수 있는 것이 아닐까. 젊을 때 추상명사였던 행복이 나이가 들면 내가 움직여 발견하는 동사임을 확인하게 된다.

나는 64년의 삶을 살았고 1982년부터 기자 생활을 하며 수많은 노인과 어르신을 직간접으로 만났다. 최근에 만난 어른들, 중장년층은 자신의 숫자 상의 나이에 연연하지 않는다. 악착같이 젊거나 어려 보이려고 안간힘을 쓰지도 않는다. 인생이란 무대에서 현재 자신이 맡은 연극의 역할과 출연하는 구간에 자신의 진짜 얼굴과 목소리를 내며 충만함을 느끼려고 한다. 그들에게 연극의 공연 시간보다 중요한 것은 자신의 배역을 얼마나 사랑하는가이다.

이 책을 통해 나는 태어난 출생년도 혹은 UN이 정한 생애 주기로 청년 중년 등을 나누기보다는 피리어드Period, 즉 주체적으로 자신의 삶의 구간과 시대를 정해 볼 것을 제안하려 한다. 그래서 이와 연관 지어 알파벳 'P'자로 시작하는 많은 단어들을 골라 지금 내 삶의 구간에서 필요한 삶의 자세를 생각해 보았다.

Present(현재), Prestige(품격), Peaceful(평화로운), Purpose(목적의식), Premium(프리미엄), Potential(잠재력), Pick(선택), Phenomenal

(경이로운), Positive(긍정적인), Pleasure(기쁨), Prize(포상), Pass(패스), Power(힘), Peak(절정), Passion(열정), Playful(재미있는), Private(사적인), Precious(소중한), Polite(정중한), Provide(제공하다), Partner(동반자)

이 단어들을 주제어 삼아 그런 삶을 실천하는 이들의 사례도 나름 풍성하게 곁들어 놓았으니, 각 단어 가운데 내 몸에 맞는 영양제를 골라 먹듯 취향과 성격에 맞는 내용들을 취해 보면 좋을 것이다. 그리하여 우리가 획득하고 누리고 강조할 수 있는 풍요롭고 근사한 시간으로 우리의 삶을 기쁨으로 물들이기를 권한다.

나이와 자격증과 통장 잔고나 미모와 직업에 상관없이 내가 스스로 금빛으로 반짝이는 최고의 시기, '프리미엄 피리어드Premium Period'의 세계로 여러분을 초대하고 싶다.

이 프리미엄 피리어드는 대문호 괴테가 후배들에게 한 말과 일치한다.

"사는 동안은 사는 것처럼 살아라!"

차례

PART 1

최상의 구간Premium Period을
살아가는 태도에 대하여

PART 2

최상의 구간Premium Period에서
가져야 할 마음가짐에 대하여

PART 3

최상의 구간Premium Period에서
해야 할 일에 대하여

PART 4

최상의 구간Premium Period에서
필요한 관계에 대하여

Premium Period ——————————————————————————

PART 1

최상의 구간을
살아가는 태도에 대하여

Present

현재

지금, 이 순간을
충만하게 살아라

1997년 122세의 나이로 사망해 아직까지는 현대인 가운데 가장 최고령까지 생존한 인물로 기록된 잔 칼망 할머니는 120세 생일에 "무엇에 가장 관심이 있나"라는 기자의 질문에 짧게 답했다.

"현재예요. 매일의 모든 것에…."

100세에 자전거를 타고 펜싱을 배웠으며 110세까지 담배를 피웠고 와인을 즐겼던 이 프랑스 할머니의 장수 비결은 항상 현재의 삶과 기쁨에 충실한 것이었다. 120년의 세월 동안 차곡차곡 쌓인 추억이 가득하고 문득문득 죽음의 그림자를 느꼈겠지만, 칼망 할머니는 눈감는 순간까지 현재를 살았다.

우리의 주제는, 오늘

3년 전엔가, 줌Zoom으로 진행된 '세바시 대학'에서 강의를 했다. 주제는 '행복하게 나이 들기'로 기억한다. 강의를 마치고 질문을 받는데 한 여성이 "그동안 만나 본 사람들 가운데 행복한 사람들의 공통점이 무엇인가"를 물었다. 나는 주저 없이 "행복한 이들은 대부분 오늘, 지금의 이야기를 한다"고 답했다.

연령이나 직업, 재산의 유무에 상관없이 충만한 기쁨을 느끼는 이들의 주제는 '오늘'이었다. 오늘 만난 사람, 오늘 읽은 책, 오늘 바라본 하늘의 빛깔, 오늘 새로 발견한 것, 그리고 나를 만난 순간에 내게 궁금한 것 등을 말했다. 그들에겐 갓 구워 낸 빵의 고소한 향기와 포근한 식감이 느껴진다. 말라 버리고 곰팡이 슨 어제의 빵에 누가 손이 가겠는가.

자신들의 화려한 과거, 혹은 여전히 치유되지 않은 상처, 아무도 관심 없는 그들만의 무용담 등을 들려주는 사람들과는 내 시간을 공유하고 싶지 않다. 아무리 찬란한 보석이나 훈장을 주렁주렁 달고 있어도 우리는 그들이 오늘 하는 생각이나 현재의 피부 상태가 궁금하다.

언젠가 한 후배가 자신의 취재담을 들려줬다.

"80대 어른이 상을 타서 인터뷰를 했어요. 신문 지면상 200자 원고지 5매 분량의 기사면 충분했죠. 그런데 그분은 추억에 잠기셔서 한 시간 동안 자신의 어린 시절을 말씀하시더군요. 정작 소개해야 할 수상 업적이나 소감을 다 들으려면 그날 밤까지 이야기가 끝나지 않을 것 같아 입이 바짝바짝 말라 갔어요. 기사 마감은커녕 퇴근조차 못 할 것 같아 '죄송하지만 원고를 빨리 넘겨야 한다'며 사과를 드리고 30분 만에 인터뷰를 무사히(?) 마쳤답니다. 어르신들에게 그분들의 과거를 묻는 것은 지뢰밭을 밟는 것 같아요."

고백하자면 나 역시 'Yesterday's People', 어제의 사람이었다. 기자 시절에 후배들에게 그들은 알지도 못하는 퇴직한 선배에게 억울하게 당한 이야기, 과거 인터넷 메일은 물론 휴대폰도 없어 수첩에 메모한 기사를 현장에서 공중전화로 부장에게 읽어 주던 열악한 취재 환경의 무용담, 현재 유명인들의 흑역사 등을 떠들 었다. 나이에 상관없이 요즘 청년들이 혐오한다는 '나 땐 말이야' 를 입버릇처럼 중얼거리는 꼰대였다. 그 무렵 나는 행복하지 않 았나 보다.

지금 이 순간의 가치

나이 들면서 나도 '지금', '현재'에 정신과 마음을 집중하려고 노 력한다. 그동안 한눈파느라, 딴생각하느라 늘 지금 이 순간의 기 쁨과 가치를 느끼지 못했다는 아쉬움에서다.

기자 생활을 하면서 또 개인적으로 정말 많은 곳을 취재 다녔 고 여행했다. 각종 전시회, 음악회, 박물관, 도서관 등등 참 많은 곳에 발자국을 남겼다. 그런데 건성건성 대충대충 다녔다. 돌아 서면 풍경도 내용도 희미해졌다. 난 늘 여기에 서서 저기 생각을 했고 걸으면서 앉을 곳을 찾았다. 또 옛 추억에 잠기거나 막연한 내일을 걱정하느라 정작 내가 있는 곳이 어디인지 어떤 계절인지 도 잘 못 느꼈다.

지금도 생생하게 기억나는 풍경이 있다. 2015년 10~11월 덕수궁 돌담길에서 경향신문으로 이어지는 길을 걷고 있었다.

26년을 내 발로 걸어 다니던 나의 출퇴근 길이다. 그런데 그해 가을에 하늘이 무슨 마법을 부렸는지 길가의 은행잎이 너무나 노랗게 반짝거렸고 단풍은 자가노처럼 붉었다. 하늘도 크레용의 하늘색처럼 파랬다. 건물들과 가게의 간판들도 처음으로 내 눈으로 들어왔다. 그건 마법이 아니라 나의 자각이었다. 그해 11월 말에 나는 정년퇴직을 했다. 그래서 '앞으로 한 달 뒤에는 떠난다', '이 거리를 걷는 것도 보름 남았네'란 의식을 하며 전에는 온갖 걱정과 생각과 몽상으로 채워진 머리와 닫힌 마음을 열어 매 순간의 정동길을 본 것이다. 흑백 영화가 컬러 영화로 변한 것은 내가 그 순간, 그 자리를 응시한 덕분이다.

몇 년 전부터 나는 '마수회'란 모임에 참석 중이다. 매달 마지막 수요일인 '문화가 있는 날'에 만나서 지어진 이름인데, 그날은 나를 포함한 네 명의 5,60대 여성들이 모여 전시회나 박물관에 가서 작품들을 감상한다. 나는 매달 전시회에서 작품 하나하나, 설명문을 차근차근 읽는다. 가기 전에 자료도 찾고 현장에서 화집이나 다양한 아트 상품도 구입한다. 원고나 칼럼을 쓸 필요가 없는데도 말이다.

프랑스 루브르박물관에서 모나리자를 만났을 때도 뉴욕 메트로폴리탄 뮤지엄에서 고대 이집트 유물을 봤을 때도 아무 생각 없이 인증 샷만 찍었다. 기억도 희미하다. 덕분에 그동안 '마수회'에서 우리가 함께 본 대부분의 전시회에서 나는 수십 년 동안의 미술품 감상이나 전시회 관람을 한 것보다 충일하게 찬찬히 작품과 그 작품을 보는 나를 만난다. 내가 성장하는 느낌이다.

기자 시절에 쓴 기사의 질은 인터뷰를 한 대상이나 준비한 자료가 좌우하지 않는다. 내가 그 당시에 그 취재원에 얼마나 집중했는가가 좌우했다. 기자 생활 말년에야 깨달은 사실이다. 오래전 내 블로그에도 그런 글을 썼다.

인터뷰할 때는 그 사람이 가장 멋지고 내 인생 최고의 상대이며 지구상에서 그 사람과 나만 남아 있다고 생각하면 짧은 시간에 밀도 있는 인터뷰가 가능했다. 시간이 조금 길어져 다음 스케줄에 차질을 빚으면 다음 상대에게 "정말 죄송한데 30분 정도 기다려 주시면 감사하겠습니다"라고 양해를 구했다. 대부분 양해를 해 주셨다. 그러나 다음에 할 인터뷰 시간이 늦어질까 봐 초조해하면 인터뷰를 당하는 이들도 내 눈치를 보며 건성으로 답했다. 하나에 하나씩, 야구 선수가 자신에게 날아오는 공 하나씩만 쳐내듯 하면 된다….

삶의 모든 순간이 결정적인 순간

나는 사진집을 즐겨 구입한다. 그 가운데 가장 자주 뒤적이는 것은 앙리 카르티에 브레송의 《The decisive moment(결정적 순간)》이란 제목의 사진집이다. 그는 트렌치코트 깃을 세우고 담배를 물고 있는 알베르 카뮈를 비롯해 세계적인 명사들의 인물 사진으로도 유명하다. 하지만 비가 내린 웅덩이를 뛰어가는 사람, 신나는 표정으로 뛰어노는 아이 등 '순간에 예술적 생명감을 불어넣은' 사진들이 더 브레송답다. 그는 '결정적 순간'의 대가답게 이런 말을 전했다.

"평생 삶의 결정적 순간을 찍으려 발버둥 쳤으나 삶의 모든 순간이 결정적인 순간이었다."

2023년 3월에 세상을 떠난 일본 출신의 세계적 음악가 류이치 사카모토의 마지막 산문집 《나는 앞으로 몇 번의 보름달을 볼 수 있을까》를 읽고 있던 2023년 8월 31일의 밤도 그랬다. 그날 엄청나게 밝고 커다란 슈퍼 블루문이 뜬다고 했다. 예전 같으면 다음날 뉴스의 화면을 보며 '오호, 엊저녁에 슈퍼 블루문이 떴다고?'로 그쳤을 것이다. 그런데 류이치의 유고집 영향인지 나는 14년 뒤에나 다시 볼 수 있다는 슈퍼 블루문을 영접하기 위해 우리 빌라의 옥상으로 올라갔다.

슈퍼 블루문이 달무리에서 벗어나 그 영롱하고 신비한 모습을 보였을 때 탄성이 저절로 나왔다. 전 지구인이 다 볼 수 있는 달이지만 그날 밤의 슈퍼 블루문은 온전히 나의 것이었다.

아마도 14년 뒤에는 슈퍼 블루문이 뜨더라도 내 시력이 흐릿해 지고 달이 뜨기 전인 초저녁에 잠이 들어 보지 못할지도 모른다는 불안감에 '오늘 이 시간의 보름달을 보자'라는 결연한 의지가 생겼던 것 같다. 주어진 시간이 짧다는 자각이 지금 이 순간의 즐거운 일, 지금 내 오감의 감각들에 충실하게 만든다.

그런데 왜 젊은이들도 현재를 누리지 못하는지 안타깝다. 연인들이 카페에 앉아 각자의 휴대폰을 보는 모습을 자주 발견한다. 곁에 앉아 있으면서 딴생각하다 상대방의 질문에 "어? 뭐라고 했어?"라면서 서로에게 집중하지 못하는 모습을 보인다. 대학교수인 후배는 "수업 시간에도 딴짓하거나 아예 자는 학생들이 많아 한숨이 난다"고 했다.

그들도 내 나이가 되어서야 오늘의 중요함을 알까. 고등학교 수업 시간에 늘 졸아서 내 눈이 큰지도 몰랐다는 선생님의 지적을 받았던 나로서는 뭐라 말할 주제도 못 되지만….

내일로 미뤄서는 안 될 것들

명상가이자 현대무용가인 홍신자 씨는 2023년 《생의 마지막 날까지》란 책을 펴냈다. 84세인 그는 2022년에도 '크랩의 마지막 테이프'란 제목의 무대에서 춤을 추었다. 이번 책에서 그는 유난히 '지금'을 강조한다.

나는 늘 '지금'이 좋다. 나는 지금을 살고 지금을 사랑하고 지금에 대해서 생각한다. 무지개를 보며 춤추며 노래하고 싶고 소망을 꿈꾸고 키스하고 싶다. 젊었을 때보다 지금을 충분히 누리고 살고 있는 현재의 내가 훨씬 더 자유롭다고 느낀다. 순간순간에 최선을 다하면서 나의 자유를 방해하는 습관적 행동은 멀리한다. (…중략…) 나는 매일 어제보다 자유로운 나를 느낀다. 눈을 뜨면 육체적으로 불편한 부분과 껄끄러운 부분을 어쩔 수 없이 마주하지만 나는 전보다 더 가벼운 정신으로 눈을 뜬다. 그리고 오늘 할 일을 생각한다. 나는 매일 어제보다 오늘에 대해서 생각한다. 눈을 뜨면 보이는 것과 느껴지는 것, 몸속에서 생겨나는 작은 불편까지도 오늘의 나로서 그것들을 다시 보며 다시 느끼는 것이다.

2023년 내슈빌 음악상에서 39세에 신인상을 받은 뮤지션 젤리 롤은 짧지만 열정 어린 수상 소감으로 참석자들의 열광적인 박수를 받았다.

"이 나이에 신인상을 받다니 저도 놀랍습니다. 그러나 여러분, 이걸 기억하세요. 자동차의 앞 유리창이 백미러보다 큰 이유는 지금 눈앞의 것들이 이미 지나온 과거보다 훨씬 중요하기 때문일

겁니다. 계속 지금의 앞만 보며 나아갑시다.”

유난히 ‘사람 부자’인 어른이 있다. 팔순을 앞둔 나이에도 등산, 여행, 음악회 등 취미활동을 한다. 그분은 인생의 좌우명이 ‘퍼뜩 생각, 후딱 행동’이라고 했다. 누군가의 안부가 궁금하면 즉시 전화를 걸거나 문자라도 보내고, 뭔가를 알려줘야 할 때도 다음으로 미루지 않고 곧바로 시행한다는 것이다. ‘나중에’란 시간을 우리가 못 만날 수도 있기 때문이란다.

나 역시 잠시 후, 내일, 이다음에 등으로 미루다가 인연이 끊기기도 하고 중요한 기회를 놓친 경우도 많다. 건강이 악화된 어른과 전화 통화로 안부를 나눴는데 그분의 “지금 감기에 걸렸으니 이달 말쯤 봅시다”란 말씀에 “네네, 제가 날짜 정해 알려드릴게요”라고 답하고 잊어버렸다. 그분의 ‘부고’를 뉴스를 통해 알았을 때 그분에 대한 송구함과 한심한 자신에 대한 원망으로 한동안 괴로웠다. 왜 그 순간의 약속에 충실하지 않았을까.

현재Present는 선물Present과 스펠링이 같다. 우리는 한 살 아가나 백 살 어르신이나 매일 하루라는 선물을 공짜로 받는다. 그 선물을 얼마나 풍요롭게, 생생하게 나의 것으로 만드는가는 우리의 선택이다. 그 하루를 구석에 대충 처박아 둘지, 와락 껴안아 나만의 진정한 선물로 만들지에 따라 결국 우리 인생의 빛깔과 가치도 달라진다.

참 쉽지만 어려운 일, 오늘 이 순간을 충만하게 사는 일이다.

Prestige

품격

말과 태도, 생각을
격조 있게 다듬어라

어쩌다 비행기를 탈 때마다 입구에서부터 신분(?)의 차이를 느낀다. '프레스티지 클래스Prestige Class'와 '이코노미 클래스Economy Class'란 팻말이 서 있어 티켓에 따라 다른 문으로 들어가게 되기 때문이다.

　아주 오래전 공항에서 지인을 만났는데 나와 같은 유럽 도시로 출장을 가고 마침 비행기도 같았다. 다만, 그는 비즈니스석이어서 줄을 거의 서지 않고 다른 문으로 들어갔고, 나는 이코노미석이라 줄을 서서 기다리다 복작거리는 사람들을 뚫고 내 자리에 앉았다. 타워팰리스 펜트하우스에 사는 사람을 만나도 '돈을 많이 벌어 저런 럭셔리한 집에 살아 보리' 하는 의지가 생기지 않았는데, 그 지인에게 책을 전해 주러 비즈니스석으로 가려고 가려진 커튼을 열려다 스튜어디스에게 제지를 당하고 내 자리로 돌아와 앉은 후 '반드시 돈을 벌어 1등 석에 타 보리!' 하는 분발심이 생겼다. 물론, 잠시 동안이긴 했지만….

스스로 높이는 품격

비행기의 프레스티지 좌석은 사채업자나 조폭들도 돈만 있으면 탄다. 그러나 사람들의 품격과 우아함은 절대로 명품이나 보석으로 몸을 휘감는다고 얻어지지 않는다. 그건 자신이 부단히 노력하고 수양하고 꽃길만이 아니라 자갈밭도 걸어 보고 뼈아픈 고통이나 애통함을 겪은 후에야 은은하게 빛난다. 나이가 들수록 그 품위의 격차가 커진다.

각계각층의 사람을 만날 수 있는 기자란 직업의 특권 덕분에 고위권력층, 돈 많은 사람들, 믿기 힘들 정도의 스펙을 가진 이들, 성스러운 종교계 인사들을 만났다. 그들의 타이틀에 잠시 고개가 숙여지기도 했지만, 간혹 상스러운 말투, 직원이나 식당 종업원을 하대하는 태도, 자기보다 조금만 높은 지위의 사람 앞에서 갑자기 비굴해지는 모습을 확인하고는 그들을 존경할 수는 없었다. 술 마신 후 옆자리 여성의 허벅지를 더듬던 학자, 자신에게 배지를 달아 줄 수 있는 당 대표에게 교태에 가까운 미소와 콧소리를 섞어 말하던 명문대 출신의 여성 의원보다는 초등학교 졸업장이 없어도 묵묵히 자신의 할 일을 하고 이웃이 어려움을 겪으면 내 일처럼 나서는 촌로들에게서 더 격조가 느껴진다.

전직 기자로서 내가 가장 추앙했던 사람은 정작 본 적은 없는 이탈리아 기자 오리아나 팔라치다. 조상의 음덕 덕분에 무사히 정년퇴직으로 기자 생활을 마감한 나는 팔라치가 쓴 기사, 그의 평전과 관련 기사 등을 읽을 때마다 나 자신이 너무 한심하고 부끄러웠다. 마치 증거불충분으로 무죄 판결을 받고 나온 죄인의 안도감과 불안이 동시에 느껴졌다. 특히 《나는 침묵하지 않는다: 오리아나 팔라치, 나 자신과의 인터뷰》라는 책을 읽고는 더욱 그랬다.

그는 대학 졸업장도 없지만 종군 기자로 세계 각지의 전쟁터를 누볐으며 세계의 최강자들을 자신만의 스타일로 인터뷰해서 유명해졌고, 소설을 비롯해 그가 펴낸 책들이 1,000만 부 이상 팔려 미국 뉴욕에 화려한 아파트를 구입하기도 했다. 유명인들이 가장 인터뷰를 제안해 주기 바라는 기자였지만 헨리 키신저나 호메이니 등은 인터뷰를 한 후 팔라치와의 인터뷰를 불쾌해하고 후회했다. 그들의 가면이 벗겨졌기 때문이리라.

나는 인터뷰를 통한 저널리즘을 개척했다. 내 인터뷰들은 매우 엄격하고 정확했다. 나는 누구도 배신한 적이 없다. 내가 증오하거나 존경하지 않는 사람일지라도 인터뷰이가 내게 한 말을 충실히 전달하고자 주의를 기울였다. 그 누구도 부정확하거나 사실이 아닌 말을 썼다고 나를 비난할 수 없었다.

멕시코 학생운동을 취재하는 도중 총상을 입고 시체 더미에 던져지기도 했고, 두 번의 총상을 또 입었지만 "햇빛 아래에서 꼼짝 않고 하품이나 하는 도마뱀처럼 무기력하게 살지는 않았다"고 자부하는 투철한 직업의식과 기자정신은 지금도 그의 이름을 빛나게 한다.

유연하고 부드럽고 따뜻해지는

품격은 오리아나 팔라치처럼 치열하고 투쟁적으로 살 때만 드러나는 것은 아니다. 때로는 갑옷을 벗을 때, 활을 내려놓고 기꺼이 남들의 화살을 받아들일 때도 보여진다.

나의 청소년기와 중년기를 떠올리기 위해서는 내가 펜으로 꾹꾹 눌러 쓴 일기장을 보기보다 양희은 가수의 노래를 듣는 것이 훨씬 빠르고 정확하다. '아침이슬', '세노야', '이루어질 수 없는 사랑', '작은 연못', '한계령', '사랑 그 쓸쓸함에 대하여' 등과 같은 그의 노래는 나의 10대부터 현재까지의 추억을 관통한다.

새내기 대학생 시절의 청아한 그의 목소리도 좋지만 조금은 거칠어지고 깊어진 지금의 목소리도 가슴을 찌른다. 막연한 나의 생각이긴 하지만 꽃 같았던 청춘에 세상의 가혹함과 억울함, 소녀 가장의 무게를 혼자 짊어진 채 32세에 난소암까지 앓았던 그는 털을 세우는 고슴도치처럼 방어적으로 보이기도 했다. 그런데 그가 2023년 칠순에 출간한《그럴 수 있어》라는 책이 베스트셀러가 되고 내 유튜브에 초대해 대화를 나누었을 때는 고슴도치 털가운을 다 벗어 버리고(세월에 절로 벗겨졌을 수도 있다) 연하고 부드럽고 따뜻한 속살만 보여 주었다. 주변 상황에 너그러워졌고 웃음소리는 더 커졌고 언뜻 현자의 표정도 보였다.

지금도 그에겐 후배들의 고민을 들어 주고 집에 초대해 집밥을 해 먹이는 푸근한 아줌마의 모습과 콘서트나 앨범 작업을 앞두고는 보컬 레슨도 받고 스페인어를 배우겠다고 스페인 전문가 손미나 전 아나운서에게 직접 전화를 거는 등 학구열에 불타는 청춘이 공존한다.

아름다운 노년은 스스로 만들고 다듬어 가는 예술 작품

양희은 가수에게 내 과거를 찾는다면 내 미래의 북극성을 보여 주는 사람은 문정희 시인이다. "시를 쓰는 것이 아니라 시를 살아 낸다"라고 할 만큼 삶과 세포 마디마디가 시인인 문 선생은 내게 언어, 말의 중요성 아니 인간의 품격을 알려 준 분이다.

2014년 겨울에 나는 한국의 대표 시인 문정희 선생과 함께 대담을 나누고 《여자의 몸》이라는 대담집을 냈다. 문 시인의 작품 가운데 유방 등 여성의 몸으로 생명을 노래하는 시가 유난히 많아 대표적인 시를 주제로 이야기를 나눴다. 제목 덕분에 어이없게 '의학 서적'에 분류되기도 했고 많이 팔리지는 않았지만 난 그 책에 애정과 미련이 많다.

나는 매주 토요일마다 시인을 만나러 카페로 가는 시간이 너무 설레었다. 문정희 시인은 메모도 없이 여성과 관련한 온갖 역사, 문학에 나타난 여성들의 이야기들을 들려주었다. 평소 내가 흠모했던 시인과 그의 시를 통해 여성사와 여성관을 배운다는 뿌듯함에 내 두 눈은 감동과 희열로 반짝였다.

만약 문 시인이 논문을 낭독하듯 현학적인 말만 했다면 우리 만남은 금방 끝났으리라. 그러나 시인의 뇌와 입을 거치면 누더기가 왕비 드레스가 되고 시시한 일상도 진주처럼 반짝이는 마법이 일어났다. 문 시인이 착용한 의상, 액세서리도 모두 완벽해서 (명품이 아닌 벼룩시장에서 산 물건인데도) 눈까지 황홀했던 그 시간들이 그립다.

몇 년 전 다른 인터뷰에서 MZ세대의 신조어와 중고생들의 급식체 등 난해한 말의 홍수, 심해지는 양극화, 서로에게 상처를 주는 시대에 사는 우리에게 시는 어떤 역할을 하고, 시를 한 편 읽는 것이 무슨 의미일까를 내가 묻자 문정희 시인은 이렇게 답했다.

"요즘 자연과 환경 파괴를 우려하지만 가장 파괴된 것은 인간입니다. 아마존 밀림보다 더 황폐해진 것이 인간의 정신과 마음이 아닐까요. 보들레르의 《악의 꽃》이 나왔을 때 프랑스 문맹률은 45퍼센트, 톨스토이나 도스토예프스키가 《안나 카레니나》, 《카라마조프 가의 형제들》을 발표했을 때 러시아는 90퍼센트가 문맹이었습니다. 문맹의 시대에도 고급스럽고 귀중한 언어들이 쏟아져 나와 문화의 품격을 만들었습니다. 하지만 아무개 시인의 시를 읽고 위로받는 것은 작은 밴드로 심장병을 고치려는 것과 같죠. 우선 시인들의 시를 자주 접해 시인들의 시어에 익숙해진 다음에 나의 이야기를 쓴다는 것 자체가 자기 치유입니다. 거기에 문학의 기쁨이 있어요. 상투에 길든 언어를 걷어 내고 내면에 솟아난 신선한 샘물을 마시는 게 문학이니까요. 일기건 습작이건 자기 언어를 만드는 것이 바로 모두 시인이 되고 스스로를 치유하는 과정이라고 생각합니다."

문 시인은 일상에서 말할 때 문어체, 즉 글을 쓸 때의 단어를 써야 누구나 품격이 상승된다고 했다. "헐", "대박", "짱" 등으로 모든 감정과 감탄사를 대신하는 요즘 사람들의 얼굴이 경박해지는 것 같은 것은 나만의 억측일까. 나는 사람의 품격은 그가 말할 때 드러나는 얼굴, 즉 '얼굴성'에서 나온다고 생각한다.

누군가 '아름다운 노년은 우연과 자연이 아닌 스스로 만들고 다듬어 가는 예술 작품'이라고 했다. 우리가 다듬어 가야 할 것은 날렵한 몸매가 아니라 자신의 심성과 삶을 대하는 태도라는 것을 무수히 많은 이들에게 발견했다.

1조 원의 재산보다 더 중요한 가치

나는 30여 년 전에 서울을 찾은 홍콩 배우 주윤발을 인터뷰했다. 홍콩 누아르 영화 전성기의 대표 배우인 데다 한국에서도 CF에 출연해 엄청난 인기를 누릴 때였다.

하얀 터틀넥 스웨터에 면바지 등 편안한 옷차림의 그가 특유의 반달 같은 눈웃음으로 등장했을 때 무대 조명이 켜진 것 같았다. 이쑤시개를 물고 질겅거리던 암흑세계의 건달이 회개한 후 귀족이 된 것 같았다. 그는 친절하고 다정한 태도로 질문에 답했고 헤어질 때도 정중하게 악수했다.

동행했던 사진기자가 주윤발과 인터뷰하는 모습을 찍은 사진을 내게 선물했는데 그 사진을 확인하고 너무 부끄러웠다. 배우인 그는 고상한 학자의 면모를 보였는데 당시 유행하던 스모키 눈화장에 자주색 립스틱, 파마머리를 하고 옆에 앉은 나는 시비 걸러 온 홍콩 유흥업소 직원 같았다. 그 이후 나는 절대로 유명 스타와는 인증 사진을 찍지 않는다. 어쨌든 그때 나는 '친절한 윤발 씨'의 팬이 되었다.

그 주윤발이 70을 바라본다. 그 후 그가 뉴스에 등장한 것은 스페인의 이비사 섬 해변에서 휴가를 즐기거나 파리의 미슐랭 별 세 개 레스토랑에서 와인을 곁들인 만찬에 참석하거나 슈퍼카에 앉아 있는 유명 스타의 모습이 아니었다. 대신 지하철에서 야구모자에 점퍼 차림으로 손잡이에 의지한 모습, 하프마라톤을 달려 놀라운 기록을 세운 일들이 대부분이었다.

얼마 전 한국을 방문하기도 한 주윤발은 "내게 필요한 것은 점심·저녁 먹을 흰 쌀밥 두 그릇뿐"이라며 1조 원에 가까운 재산을 기부하겠다고 밝혔다. 그는 아침을 먹지 않기 때문에 하루 두 그 릇만 필요하고 당뇨가 있어 가끔 한 끼만 먹는다고 했다. 기부에 관한 질문에도 그는 눈웃음을 지으며 유머러스하게 말했다.

"내가 기부를 결정한 것이 아니라 아내가 한 것입니다. 나는 힘 들게 번 돈이라 기부하고 싶지 않았어요. 난 아내가 주는 용돈을 받고 살고 있어요. 세상에 올 때 아무것도 안 가지고 왔기 때문에 갈 때도 아무것도 안 가져가도 상관없습니다. 어차피 내가 번 돈 은 내가 잠깐 가지고 있었던 것뿐이니까요."

그에게서 현자의 초연함이 느껴진다. 나는 '그럴 줄 알았어'란 말을 참 싫어하지만, 주윤발의 미담 기사를 보면서 저절로 "그럴 줄 알았다니까"란 말이 나왔다. 40년 가까운 나의 팬심을 실망시 키지 않은 '친절한 윤발 씨'에게 건강과 기쁨이 가득하길 기원한 다. 그리고 당신이 앉은 지하철 의자는 비행기 프레스티지 좌석 보다 더 빛이 난다고 말해 주고 싶다.

Peaceful

평화로운

폭우를 견뎌내고 받은
세월의 선물을 누려라

가끔 내 머리를 쓰다듬어 주고 싶고, 포근하게 팔을 둘러 나를 안아 주고 싶을 때가 있다. 나이 들어 세월과 함께 찾아낸 평화로움이 나를 감쌀 때 그렇다. 나의 작은 성취, 타인의 인정을 받을 때보다도 어떤 상황에서도 나만의 평정심과 평화를 누릴 때가 그럴 때다.

나는 심하게 둔감하고 무딘 성격이지만 50이 되기 전에는 도처에서 총알이 쏟아지는 전쟁에 참여한 듯한 상황이 많았다. 얼굴은 웃고 있지만 마음은 울고 있고, 꽃다발을 받아도 수류탄을 받은 듯한 불안감이 있었다. 내가 너무 무능하다는 자괴감, 무례하거나 몰상식한 이들에 대한 분노, 또 내일은 어떤 사건이 터질까 하는 두려움 때문에 머리는 꺼도 꺼도 저절로 켜지는 컴퓨터 화면 같았다. 눈동자는 항상 불안하게 움직였고 심한 노동을 하지 않아도 늘 뒷목과 어깨가 뻐근했다. 그런데도 정작 일하지 않으면 마치 큰 죄를 짓는 듯한 불안감과 죄책감이 들었다.

50대 중반에 정년퇴직한 후 나는 '여유'와 '평화로움'을 부상으로 받았다. 아니 퇴직과 상관없이 내가 한숨으로 보냈던 시간들이 주는 트로피다. 매달 25일이면 따박따박 입금되던 월급이나 나를 보호해 주던 조직은 사라졌지만, 반면 매일 제시간에 출근해야 하고, 동료나 후배들의 눈치를 보고, 누군가와 경쟁하거나 비교당하며 받던 스트레스가 사라졌기 때문이다. 평화는 '벗어남'에서 얻어지는 것 같다.

폭우도 언젠가는 그친다는 걸 알기에

20년 전에 이사 온 우리 집에는 크지 않은 마당이 있다. 해마다 남편이 심은 감나무, 대추나무 등에서 과실이 열리고 철따라 색색깔의 꽃이 피고 진다. 아침에는 새가 날아와 노래하고 바람이 불면 나뭇잎이 춤을 춘다.

4월부터 10월까지 아침에 비가 오지 않는 날에는 커피 한 잔과 일기장, 읽을 책을 들고 나와 마당의 의자에 앉는다. 그곳에서 커피를 마시며 일기를 쓰고 나와 가족, 친구들을 위해 기도도 한다. 또 하늘을 바라보며 하늘나라에 계신 엄마에게 인사도 한다. 젊을 때는 엄마에게 항상 "너무 속상해" 하며 투정을 부렸지만, 이제는 "엄마, 나 잘 있어요. 고마워요"라고 감사를 전한다. 나의 평화로운 아침 리추얼Ritual이다.

직장에 다닐 때는 그 마당에 거의 나가지 않았다. 아침에 출근하느라 정신이 없었고 퇴근하면 어두워 마당이 보이지 않았다.

주말에는 너무 피곤해서 널브러져 누워 있거나 뭔가 다른 일을 했다. 거실의 유리문을 열고 몇 발만 가면 있는 마당인데 거기에 나가 꽃을 볼 마음의 여유가 없었다.

거의 2, 3일에 한 번쯤은 공책에 일기를 쓰는데 과거 밤에 쓰는 일기와 지금처럼 아침에 쓰는 일기가 전혀 다른 분위기다. 밤에 쓴 일기에는 그날의 속상함과 억울함, 박복하고 멍청한 나 자신에 대한 투덜거림으로 가득했다. 요즘 아침에 쓰는 일기는 거름망을 거쳐 정제된 물처럼 차분하고 맑다. 잠자는 동안 분노와 심란함은 가라앉고 다시 맞은 오늘에 대한 감사와 어제의 돌멩이들에 짓눌리지 않고 다시 일어선 나에 대한 칭찬으로 채워진다. 심기를 건드린 상대에 대한 짜증 대신, 어제 나를 기쁘고 즐겁게 해준 사람이나 내가 바라본 흐뭇한 상황에 대해 기록한다.

평화로움은 근심 걱정이 사라진 상태가 아니다. 천둥 번개 폭우를 다 맞아 본 후에 천둥이 쳐도 그게 하루 종일 가지는 않는다는 것을 안 후에 다잡는 마음이다. 겪어 보니, 해 보니, 살아 보니 알 수 있는 혹은 미루어 짐작할 수 있는 상황에 대한 대처법이 나이와 함께 장착된 것 같다. 폭우도 언젠가는 그친다는 걸 알기에 창가에 앉아 무지개가 뜨기를 기다릴 수 있다.

조물주가 조금 심술궂게 느껴질 때가 있다. 피부도 정신 줄도 탱탱할 때는 그 탄력을 잃을까 봐 마음이 불안했는데, 피부는 탄력을 잃어 가고 때론 정신 줄이 느슨해져 자주 물건을 잃어버리고 단어도 쉽게 떠오르지 않는데 평화로운 시간은 늘어나니 말이다.

내 손으로 두려움을 걷어 낼 수 있다면

고매한 철학자보다 나의 평화로운 마음을 찾는 데 기여한 사람
은 〈동백꽃 필 무렵〉이란 드라마를 쓴 작가 임상춘 씨다. 30대라
고 알려진 이 원숙한(?) 작가의 대사가 내게 각성의 시간을 주었다.

미혼모에 술집을 한다는 이유로 온갖 모멸과 살해 위협까지 당
한 주인공 동백이가 살해범이 잡힌 후 한 말이다. 정확한 대사는
"구더기는 장독을 깰 수 없다. 진짜로 무서운 건 까불이 같은 게
아니라 사람을 지킬 수 없는 거였다"였지만 내겐 "구더기는 장독
을 깰 수 없다. 내가 팔을 걷어붙이고 걷어 내면 되는 것이다"로
들리며 내 머리와 마음속의 구더기들, 생각만 해도 몸이 부들거
리는 막연한 공포와 역겨운 상황은 결국 내가 내 의지로 걷어 내
면 해결된다는 것을 깨닫게 해 주었다. 고무장갑을 끼건 주걱을
들건 내가 내 손으로 막연한 두려움을 걷어 내야 평화를 찾는다.

나를 괴롭히는 사람이나 상황, 이유 없는 불길함 등이 스멀스멀
퍼져 가는 내 마음속의 구더기들을 남의 힘을 빌리지 않고 내가
제거할 때, 장독 안의 장처럼 숙성되어 그윽하게 잘 익어 갈 수 있
는 것을…. 내 장독은 내가 지켜야 한다. 그 장독은 나의 몸이다.

프랑스의 정신분석가 장 다비드 나지오는 《카우치에 누운 정신

분석가》란 책에서 우리의 평화로움을 방해하는 마음에 대해 이렇게 분석했다.

질투심은 자신이 소유한 것을 잃어버릴까 봐 두려운 것이고, 시기심은 타인이 소유한 것을 갖고 싶은 마음이고, 경쟁심은 자신이 아직 갖지 않은 것을 얻기 위해 적과 싸우는 마음이다.

나이가 드니 시기심이나 질투심이 얼마나 부질없는 것인지 알게 되어 평화로운 순간이 많아졌다. 명문대 출신의 지인들도, 부자들도, 눈이 번쩍 띄일 만한 미모를 자랑하던 이들도 늙어 가면 각종 성인병이나 주름살, 줄어드는 머리카락, 그리고 자기 뜻대로 자라지 않은 자식에 대한 걱정들이 가득한 것을 알기에 내가 가진 것에만 집중하고 감사할 수 있다. 세상은 절대 공정하거나 평등하지 않지만 나이는 똑같이 먹어 가고 성인병은 재산의 유무에 상관없이 찾아온다.

진정한 어른이 지을 수 있는 평온한 미소

나는 추리소설을 좋아한다. 특히 국내에 소개된 애거사 크리스티의 작품은 거의 다 읽었다. 그의 소설에는 에르퀼 푸아로라는 벨기에 출신의 탐정과 영국 시골에 사는 미스 마플, 두 주인공이

각각 여러 작품에 등장한다. 나는 회색 뇌세포를 자랑하며 맹활약하는 푸아로보다 미스 마플을 더 좋아한다.

하얀 머리카락에 푸른 눈동자, 발그레한 뺨의 친절하고 온화한 표정의 미스 마플은 핏자국이 선연한 사건 현장에 가지 않고도 집 안의 안락의자에서 뜨개질하면서 실타래보다 더 뒤엉킨 사건을 차분하게 해결한다. 범죄심리학이나 수사 실전을 공부하지도 않고 이웃 주부들과 차 마시고 정원의 꽃을 가꾸던 할머니가 "카펫 밑은 봤어요?"라는 질문을 던져 해법을 찾는다.

오랜 경험으로 체득한 인간에 대한 혜안, 절대 흥분하거나 목소리를 높이지 않고도 상대를 무너뜨리게 하는 배려가 깃든 통찰이 결국 마을에 다시 평화를 돌려준다. 나는 사건 해결 과정보다 미스 마플의 평온한 표정을 보기 위해 영국 드라마 미스 마플 시리즈도 자주 본다.

《상실의 기쁨》은 최근 내가 가장 주위에 많이 권한 책 중의 하나다. '30년 경력의 〈뉴욕타임스〉 저널리스트가 오른쪽 시력을 잃고서 비로소 발견한 세상의 아름다운 것들, 불행에 인내하고 행복에 오래 머무르려는 결심에 대한 이야기'라는 설명이 뒤표지에 적혀 있다.

백악관 담당 기자, 이탈리아 로마 지국장, 음식 평론가로 활동하며 누구보다 열심히 살아왔던 프랭크 브루니는 52세가 되던 어느 날 갑자기 뇌졸중으로 인해 오른쪽 눈의 시력을 잃어 간다. 그

와중에 그의 애인이 곁을 떠나는 슬픈 일이 겹친다. 사람을 만나고 글을 써야 하는 기자에게 눈은 너무나 소중한 의미와 가치를 지닌다.

이 책은 그가 이 불행한 사건을 계기로 오랫동안 바쁘다고 간과했던 소중한 것들을 바라보고 주변에서 자신처럼 건강이나 가족, 직장 등을 잃은 이들을 만나며 그들을 통해 앞으로의 인생을 위한 지혜와 품위를 배우는 과정을 담았다.

자세한 계산은 하지 않기로 했다. 나는 남아 있는 모든 것을 느슨하고 게으르게 합산했다. 내게는 낙엽의 소리가 남아 있고 내 살갗에서 관현악을 연주하는 바람의 어루만짐이 남아 있다. 내게는 황혼 녘의 새소리가 남아 있다. 내게는 다가가 열심히 집중하면 마치 만져질 것만 같은 파도의 희미한 물보라가 남아 있다. 그리고 빈칸을 메울 수 있는 상상력이 있다.

시력을 잃고 흐릿해진 어둠 속에서 인생의 빛을 발견하는 태도, 그것은 결국 평화로움을 찾아가는 것임을 그는 알려 준다. 분노를 폭발하는 대신에 그는 자신과 평화 협상을 이뤘다. 누군가 "진짜 어른의 표정에는 분노가 드러나지 않는다"라고 했는데 브루니는 시력의 상실 후에 진정한 어른임을 보여 주게 됐다.

유유자적하게 보내는 하루

몇 년 전 농촌 지역에 강의를 하러 갔다. 그곳 지자체 공무원이 역으로 나를 데리러 왔다. 정년이 멀지 않았다는 그가 내민 명함을 보니 직급이 높지 않았다. 그러나 그의 표정은 어떤 고위 공무원보다 밝았다. 강의장으로 가는 차 안에서 그는 연신 미소 지으며 자기소개, 아니 자기 자랑을 했다.

"전 대학을 못 갔어요. 그래도 공무원 시험 쳐서 고향에 남아 자식들 키웠고 부모님이 물려준 땅에 주말마다 들러 꽃이랑 과일나무도 심고 제 손으로 집도 지었죠. 황토방도 만들었고요. 그 집에 가서 누워 있으면 천국이 따로 없습니다. 공부 잘하던 친구들은 대부분 고향 전답 팔아 명문대에 들어가고 좋은 직장에 취직했지만 50이 넘으니 다들 저를 부러워하더라고요. 우리 동네 공기와 물이 좋아 그런가, 아니면 유기농 농산물을 먹어 그런가 친구들보다 제가 더 젊어 보인다니까요. 땅도 지키고 건강도 누리니 노년도 두렵지 않아요."

어쩌다 그 지역 부근에 가면 유난히 큰 앞니를 내보이며 평화로운 미소를 짓던 그 공무원이 생각난다.

꼭 고향에서만 평화로움을 느끼는 것은 아니다. 해마다 여름이면 여행을 떠났던 헤르만 헤세의 시와 산문을 담은 책《헤르만 헤세, 여름》에는 '유유자적하게 보낸 하루'라는 제목의 에세이가 있다.

육체가 자유롭고 편안하고 안전하게 느끼는 것처럼 영혼도 습관과 일상성의 옷을 벗어 버리고 경이로움에 젖어 자유롭게 호흡하고 고향과 같은 원천으로 돌아간다. 그리하여 땅과 태양의 아이가 되어 고마워하고 살아 있는 모든 것과의 친화를 느끼고 땅의 언어를 다시 이해하는 법을 배운다. 그것은 어린아이가 되고 파도가 되어 노래하고 꿈꾼다. 그리고 전설과 기적을 체험한다. 모든 시들이 추억이듯이 그처럼 태양이 비치는 시간에 우리 안에서 유희하는 것들은 기이한 감동과 환상적인 꿈들이며 아주 먼 옛적, '물 위의 정령'에 대한 회상이다.

틱낫한 스님은 《틱낫한의 평화로움》이라는 책에서 '평화로움'에 대해 "자신의 호흡을 느끼면서 미소를 지으며 평화롭게 앉아 있을 때 그때 그대는 진정한 자신이 된다. 자신의 주인이 될 수 있다"라고 했다.

나는 언제나 충분히 나 자신의 주인이 될 수 있었지만 그러지 못했다. 그러나 이제라도 늦지 않았다. 평화롭게 앉아 미소 지으며 진짜 나의 주인이 되고 싶다. 특별한 도구나 장소가 필요 없이 우리는 언제나 평화와 평온을 초대할 수 있고 온전한 내가 될 수 있다. 50이 지나서야 지금 나와 내 주변에 감사함을 느끼면 평화가 나에게 다정하게 말을 걸어오는 것을 알았다. 그 평화를 찾는 데 오래 걸리긴 했지만 괜찮다. 오래오래 함께 가면 된다.

Purpose
목적의식

**끝까지 놓지 말아야 할
한 가지를 가져라**

40대까지 해마다 새로 구입한 내 수첩의 맨 앞 페이지에 그해 이루고 싶은 목표나 계획들을 적어 놓았다. 내 집 마련, 승진, 일주일에 책 한 권 읽기, 운동하기, 외국어 배우기 등등….

그 '희망 사항'이나 '다짐'들은 내가 꺼져 가는 모닥불 같다고 느낄 때 불쏘시개 역할을 해 주기도 했다. 찬란한 미래를 위해 나를 불태우진 않았지만 그럭저럭 집도 샀고 정년까지 버텼다. 운동이나 외국어는 아직도 희망 사항이다. 다이어트는 노인의 경우 마른 사람이 일찍 죽는다는 기사를 읽고 나서 포기했다.

50대부터는 수첩에 그 목록을 쓰지 않았다. 아등바등 치열하게 살기보다 그저 물 흐르듯 살고 싶었다. 퇴직 후 상가를 마련해 노후에 월세를 받으며 살겠다는 생각도, 다른 직업이나 직장에 도전해 보고 싶다는 의지도 없었다. 젊을 때는 꼭 도달해야 할 산의 정상이 있었지만, 이제는 등산로 입구의 산책로를 슬슬 걸어 다니며 잔잔하게 살자고 내가 스스로 가스라이팅했다.

그러다 한 지방 강의 때 알게 된 분을 다시 그 지역에 강의하러 갔을 때 재회하고 나서 마음이 바뀌었다.

마음에 키우는 나무

그 지역 공기업의 임원이었던 그는 내게 새로운 명함을 내밀었다. '숲해설가'란 글씨가 눈에 확 들어왔다.

"퇴직 후 가장 서글픈 게 직장이나 월급의 유무가 아니라 목표나 꿈이 희미해진다는 거였어요. 연금을 받아 생계 걱정은 없지만 무료하게 늙어 가기는 싫더군요. 그래서 내가 좋아하는 나무, 꽃, 숲과 지내며 사람들에게 그에 대해 잘 알려 주면서 만년을 보내고 싶어 연령 제한이 없는 숲해설가 자격시험에 도전해 자격증을 땄어요. 산림청에서 발급하는 국가자격증이랍니다. 식물들을 꼼꼼하게 살피고 나무 이름도 외고 해설에 필요한 자료도 찾느라 다시 젊어진 느낌입니다. 무엇보다 나무와 숲의 사계절을 보면서 내 인생도 다시 바라보게 되더군요."

그처럼 뭔가 목표, 목적을 가진 이들은 자신을 사계절 푸른 상록수로 키워 가는 것 같다. 패션디자이너 이광희 선생도 그렇다.

이광희 선생은 대통령 부인들을 비롯해 한국 상류층 여성들의 의상을 주로 담당하는 디자이너답게 과묵하고 고상해서 범접하기 어려웠다. 바늘로 찌르면 바늘이 부러질 것 같았던 그가 요즘은 '푼수(?)'로 변했다. 수트 대신 후드티셔츠에 운동화를 신은 그는 너무 자주 웃어 날카롭던 눈빛이 아이의 눈망울로 변했다.

목사인 아버지와 평생 목사 사모로 이웃을 돕던 어머니 등 부모님의 유전자 덕분에 나눔, 기부, 자선행사 활동을 했던 그는

2009년 아프리카 남수단 톤즈 지역에 다녀온 후 삶의 목적과 목표가 확고해졌다. 그는 월드비전 홍보대사인 김혜자 선생과 남수단에 갔다가 집과 학교는 물론 끼니 해결도 못 하는 사람들을 만났다. 어떤 이들은 그들의 눈물만 볼 테지만 그는 바로 곁에 우뚝 서 있는 망고나무를 봤다. 망고나무 한 그루가 있으면 망고를 팔아서 가족들이 생계를 유지할 수 있다는 정보를 얻어 당시 가지고 간 돈을 다 털어 망고나무를 심었다. 그 후로 '희망고'란 NGO를 만들어 해마다 나무도 심고 학교도 지어 주고 한센인 마을에도 도움을 준다. 그를 남수단으로 인도했던 김혜자 선생은 "당신이 바늘로 바위를 뚫었네"라고 감탄했다. 남수단 사람들도 '기적'이라고 한단다.

"희망고를 유지하느라 백화점에 다섯 개 있던 이광희 매장을 하나씩 없앴어요. 다들 왜 그 먼 아프리카 사람들을 돕느라 힘들고 어렵게 사느냐고 말리죠. 저도 수시로 절망하고 너무 힘들어 울기도 해요. 그런데 비행기를 계속 갈아타고 40시간이 넘게 걸려 남수단에 도착하면 갑자기 힘이 나요. 늘 두통과 불면증에 시달리는데 그곳에선 잠도 잘 오고 자꾸 웃음이 나요. 제 작은 관심이 기적을 일으킨다는 생각에 하나씩 하나씩 목표를 달성하면서 늘 힘과 용기를 얻어요."

15년이 지난 지금, '희망고'가 만든 학교에서 8학년까지 학생 800명이 공부와 취미활동을 하고 망고나무는 쑥쑥 잘 자라고 있다. 어느 날, 이광희 선생이 고개를 들어 망고나무를 바라본 이후 그의 가슴에 피어난 목적의식 덕분이다.

90대에도 행복하게 다음 날을 고대할 수 있는 마음

'더 오래, 더 건강하게, 더 의미 있게 사는 삶에 관한 수녀들의 가르침'이란 부제가 붙은 《우아한 노년》이란 책에는 미국 미네소타대 데이비드 스노든 박사가 "왜 수녀들은 오래 건강하게, 심지어 우아하게 늙어 갈까?"란 질문을 풀어 가며 연구한 결과가 담겨 있다. 이 '수녀 연구'는 긍정적인 성격과 더불어 목표와 목적의식이 얼마나 건강에 큰 영향을 미치는가를 보여 주는 소중한 자료다.

노년의 수녀 700명을 대상으로 한 연구에서 어떤 이들은 뇌에 알츠하이머 병변인 플라그와 신경섬유 농축제를 갖고 있음에도 불구하고 알츠하이머 증상이 나타나지 않음을 발견했다. 연구팀은 이들을 '치매 탈출자', 즉 치매에서 탈출한 사람들로 명명했다.

스노든 박사 연구팀은 치매 예측에는 두 가지 태도가 결정적이라고 밝혔다. 첫째는 '성실성'으로 충동을 억제할 수 있고 신뢰할 만한 목표 지향적인 태도다. 둘째는 '인생의 목적'을 중시하는 태도다. 이들은 90대에도 행복하게 다음 날을 고대하며 잠이 들고 일찍 일어나 목적을 수행한다. 나이가 들어도 삶의 목적을 찾고, 직업 이외의 길에서 의미를 찾는 것이 늙어서도 침대에서 빠져나오는 힘이고 결국 치매에서 탈출하는 원동력이라는 것이다.

2020년 세상을 떠난 미국의 루스 베이더 긴즈버그 전 대법관은 '목적의 대명사'로 불린다. 27년간 미국 연방 대법원을 지키며 양성평등(남성과 여성 모두 성의 다름으로 차별하지 않는다는 원칙)과 소수자를 위한 판결을 이끌어 냈다. 근엄한 이미지의 대법관이지만 그는 힙합 스타처럼 이름의 이니셜인 RGB란 애칭으로 불렸다. 유태인·여성·엄마라는 약점(?)에도 불구하고 평생 정의를 위한 용감한 선택을 해 왔던 그에 대한 그림책, 챕터북, 그래픽노블, 소설과 영화까지 쏟아져 나올 만큼 대중적 스타였다.

평생 양성평등을 위해 일했던 그는 1999년 대장암을 시작으로 췌장암까지 네 번의 암을 앓았지만, 자신이 그만두면 당시 트럼프 정부에서 보수와 진보의 균형이 깨질 것을 우려해 매일 플랭크 등 강도 높은 운동을 하며 건강을 지키다 87세에 눈을 감았다. 그의 저서 《긴즈버그의 차별 정의》를 읽으면 그가 차별에 저항하는 자유를 미국민들에게 주기 위해 얼마나 애썼는지 알 수 있다. 그는 평소 후배들에게 "분노, 질투, 후회 같은 감정으로 자신의 발목을 잡지 마라"라고 강조했다. 자신의 목표를 이루기 위해 중요한 것은 야망과 야심이 아니라 철보다 강한 평정심이라는 의미가 아닐까.

긴즈버그 전 대법관이 고상하고 우아한 태도로 품격 있게 목적의식을 보여 줬다면 윈스턴 처칠 전 영국 총리는 그와 정반대로 거친 목소리, 엄청난 분노, 불도저 같은 추진력으로 제2차 세계대전을 승리로 이끌어 영국에서 '가장 위대한 영국인'으로 선정될 만큼 존경받고 있다.

그는 노벨상도 받았는데 노벨평화상이 아니라 자서전과 다른 사람들의 전기를 쓸 만큼 탁월한 필력으로 노벨문학상을 받았다. 그가 총리 취임 후 첫 연설에서 말한 내용은 그의 문장력과 뚜렷한 목적의식을 알려 준다.

"우리의 목표가 무엇이냐고요? 한마디로 대답할 수 있습니다. 승리, 어떤 대가를 치르더라도 승리, 모든 공포에도 불구하고 승리, 아무리 길고 힘든 길일지라도 승리입니다. 승리 없이는 생존할 수 없기 때문입니다."

작고 사소한 목표를 이뤄가는 기쁨

영웅들만 목표나 목적의식을 갖는다는 선입견으로 우리는 은근히 그 단어에 대한 거부감을 갖는다. 온몸으로 자신의 목표를 알려 주고 치열하게 사는 이들을 보면 기피하고 싶어지기도 한다. 하지만 목적이나 목표 없이 푹 퍼진 죽처럼 살아가는 삶은 얼마나 서글픈가. 오래전 미국 신문에 90이 된 할아버지가 기고한 칼럼을 읽고 목표에 대한 내 생각도 바뀌었다.

"60에 은퇴한 후 나는 나머지 시간을 아무 목표나 목적 없이 살얼음판을 걷는 사람처럼 조심조심하며 살았다. 30년이 흐른 지금, 나는 아직 살아 있고 여전히 건강하다. 다시 그때로 돌아간다면 작은 기쁨을 위해서도 목표를 세우고 그 길을 향해 당당하게 걸어가고 싶다"라는 요지의 글이었다.

서울대 심리학과 최인철 교수가 쓴 책《굿 라이프》는 저자가 보면 민망할 만큼 밑줄을 많이 그으며 읽었다. 이 책은 '내 삶을 바꾸는 심리학의 지혜'란 부제에 맞게 온갖 심리연구 자료와 도표들이 가득한데 특히 '목표'에 대한 글에 크게 공감했다.

실제로 사람들에게 행복이 무엇인지 물으면 가장 자주 등장하는 답이 자신의 꿈, 비전, 소망, 그리고 목표를 이루는 것이다. 반대로 불행한 이유를 물으면 꿈을 잃었기 때문, 목표가 좌절되었기 때문, 더 이상 소망이 없기 때문이라고 답한다. (…중략…) 목표는 결코 포기할 수 없는 행복의 조건이다. 남의 목표가 아니라 자신의 목표를 발견해야 한다. 무엇보다 목표의 일상성을 회복해야 한다. 특별하고 거대한 것들만이 목표가 된다고 생각한다면, 그래서 목표 지상주의에 대한 경계라는 이름으로 작고 소중한 목표들을 등한시한다면 자신만의 행복 수원지를 스스로 메우고 있는 것이다. 목표는 활주로와 같다. 그것이 없다면 삶은 충돌의 연속일 뿐이다.

나의 목표는 귀엽고 재미있고 유쾌한 할머니

60대 중반까지 한결같이 억지로 일일 학습지를 풀듯 건성건성 살아온 나는 최근에 나를 위해 가장 나다운 목표를 정했다. 손자가 태어나고 제법 의사소통이 되면서 나는 그 아이의 귀엽고 재미있고 유쾌한 할머니가 되어 아이의 성장을 지켜보고 싶다는 목표와 야심(?)이 생겼다. 할머니인 나는 그 아이의 일상을 통제할 필요 없고 성적이나 장래 등에 대한 책임감도 느낄 필요 없이 가장 순수한 관심과 사랑을 줄 수 있어서다.

외동딸을 키우면서 나는 딸에 대한 죄책감에 시달렸다. 너무 바쁘고 둔감하고 주의 산만한 엄마였던 나는 아이의 준비물을 빠뜨릴 때가 많았고 특목고, 고액 과외 등은 생각도 못 했다. 딸이 특별 지도를 필요로 하는 예체능에 재능이 없는 것에 마냥 감사했던 엉터리 엄마였다. 주말에도 일이 있는 기자라는 직업 탓에 딸은 늘 외로운 시간을 보냈다. 같이 살던 외할머니는 치매 환자였고 아버지는 위성처럼 떠돌았다. 엄마인 나는 딸에게 위로받고 의지했다.

그런데 손자에겐 책임감은 물론 죄책감도 안 느낀다. 딸의 단점을 발견하면 속상했지만, 손자의 모든 장단점은 그저 귀엽거나 개성으로 받아들일 수 있다. 손자에게 동화책을 읽어 주며 어린이의 눈으로 세상을 다시 보게 된다. 동화책을 써 볼까, 하는 생각도 살짝 해 본다. 아이가 무엇에 재능을 보인다고 '천재 아닌가?'

라는 착각을 하지도 않고, 옷 입기나 정리 등 혼자 하는 분야의 발달이 늦은 듯하다는 평가에도 '시간이 아이를 자라게 해 주겠지'라고 느긋하기만 하다.

손자 덕분에 아이스크림처럼 녹아내리는 가슴, 함박웃음 등의 의미를 온몸으로 느끼고 인생의 사명까지 얻었다. 손자와 즐거운 시간과 추억을 많이 갖도록 정신은 물론 무릎관절 등 건강도 챙겨야 해서 건강보조제도 부지런히 먹는다. 아이의 성장기에 따라 달라지는 용품들(장난감에서 자전거, 휴대폰에서 컴퓨터까지)의 선물은 물론, 나중에는 대학 입학금이나 혹시 모를 유학 자금에라도 보탬이 되기 위해 꾸준히 돈을 벌어야겠다는 의지를 다진다. 그것만으로도 내가 살아갈 목표는 충분하다.

목표나 목적이 꼭 거창할 필요는 없다. 나이 들어서도 꾸준히 보람과 기쁨을 느낄 작은 주머니 정도면 된다. 그것이 우리를 다음 날 아침에 다시 힘차게 일어나게 할 것이다.

Premium

프리미엄

취향과 취미로
자신을 반짝이게 하라

정년퇴직을 한 후 가장 당혹스러운 것은 번듯한 명함은 물론 나를 설명할 직장과 직업이 없어졌다는 것이다. 운전면허를 비롯해 아무런 자격증도 없고 박사학위도 없어 개인 명함을 만들어도 내 이름과 휴대폰 번호 외엔 적을 게 없다. 강의나 방송 출연을 할 때 전 기자, 방송인, 작가, 시사평론가로 불리지만 다 애매하고 부끄럽다.

　미국의 한 저널리스트가 '21세기에는 직업이 아니라 자신이 가장 잘하는 일, 혹은 자신의 취향이 그 사람의 정체성을 알려 주는 도구가 된다'고 쓴 기사를 읽었다. 직업이 있더라도 그 옆에 공무원이자 혹은 유튜버 등으로 자신의 다른 취미나 캐릭터가 더 강조되는 시대라는 것이다. 이른바 해시태그(특정 핵심어 앞에 # 기호를 붙여 식별을 용이하게 하는 것)로 자신의 신분 증명을 하는 셈이다. 의사 겸 고전 애호가, 공무원이면서 나름 성악가 등등….

　그런데 그 특정 핵심어는 별명이나 애칭처럼 즉흥적으로 순식간에 명명되어서는 안 된다. 한 인간의 역사와 취향과 개성이 드러나려면 오랜 시간과 자기성찰의 시간이 필요하다. 이를 실천한 대표적인 인물이 내 주변에 있다.

경험과 배움으로 취향을 쌓아 나가기

자신을 '문화심리학자이지 나름 화가'라고 칭하는 사람이 있다. 그를 만나려면 시간과 정성이 필요하다.

서울 김포공항에서 비행기를 타고 여수공항에 내린다. 다시 35분 정도 택시를 타고 여수 백야 선착장으로 간다. 그곳에서 배를 타면 40분 후쯤에 한 섬에 도착한다. 도대체 무슨 부귀영화를 누리겠다고 이 복잡한 교통수단과 시간을 들여 여수의 섬에 사는 사람을 만나야 할까. 더구나 그 사람은 수시로 잘난 척을 하고, 자신이 어떤 것을 혐오하는지 노골적으로 설명하고, 인생 선배인 나를 은근히 무시하는데 말이다.

그럼에도 불구하고 배에서 내려 그의 안내로 그의 작업실이자 또 다른 거처인 미역창고를 둘러보면, 부러움과 놀라움과 경외심이 가득한 눈빛으로 그를 보게 된다.

문화심리학자 김정운 박사가 주인공이다.

진짜 미역을 모아 두던 창고를 개조한 작업실은 그의 취향과 심미안, 노력으로 만들어져 경탄이 나올 만큼 근사하다. 온 집 안을 둘러싼 다양한 분야의 책들, 레코드판을 올려놓은 턴테이블과 거기에 연결된 대형 스피커에서 흘러나오는 슈베르트 교향곡, 세계 곳곳에서 수집한 포스터들, 극장에서 가져왔다는 나무 의자, 오랜 시간 수집해 온 만년필 등의 필기구와 독특한 디자인의 조명…. 그리고 미역창고의 별채인 그가 그림을 그리는 화실 공간에는 주인과 달리 귀족적으로 생긴 개가 그림 같은 풍경을 만들어내고 있다.

10여 년 전 그가 50세에 대학의 정교수직을 때려치웠을 때 속으로는 불안했다. 당시에 그가 너무 잘나가서 치기 어린 결정을 내렸다고 생각했다. 그런데 그는 돌연 일본에 유학을 가서 미술대학을 다니며 그림을 그리기 시작했고, 문화심리나 여가학 등의 전공과 상관없는 바우하우스(집haus을 짓다bau란 뜻의 '바우하우스 Bauhaus'는 현대 건축과 산업디자인의 뿌리로 여겨진다)를 집중적으로 연구해《창조적 시선》이란 어마어마한 두께에 책값도 10만 원이 넘는 대단한 책을 펴냈다. 그의 화양연화는 교수직을 떠난 50대에 끝난 줄 알았는데….

"교수직 그만두고 그림을 시작한 것이 내 인생 최고의 선택이에요. 상황에 밀려 결정한 것이 아니라 주체적으로 한 결정입니다. 16년 공부한 것으로 60세까지는 버티지만, 100세까지 버티려면 남은 인생에 대한 투자가 필요해요. 건물 구입 등 재테크가 아니라 해 보지 않은 공부를 하는 것이지요. 난 그림을 선택했어요. 처음으로 이걸 어떻게 어디에 써먹을까 결과물에 대해 생각하지 않고 꾸준히 했습니다. 그림으로 돈을 벌거나 유명해질 생각도 없습니다. 나의 취향으로 가득한 이 공간에서 커피를 끓이고 달걀을 삶는 등 나만의 리추얼로 일상을 누립니다. 완전 행복해요."

김 박사의 취향은 하루아침에 만들어진 것도 아니고 꼭 돈이 많아서 가능한 것도 아니다. 그는 삶의 가치를 실리와 타인의 시선이 아니라 자신이 경험과 배움을 토대로 차곡차곡 쌓아 오다 60대에 진정한 '프리미엄 에이지'를 향유하고 있다.

젊은이에게 희망이 된다는 건 꽤 근사한 일

내가 프리미엄 에이지에 관심을 갖게 된 것은 일본 다이칸야마의 츠타야 서점을 갔을 때였다. 이 서점은 '취향을 설계하는 곳'으로 불린다. 마스다 무네아키란 사람이 40여 년 전 일본 오사카에 책뿐만 아니라 비디오와 CD를 대여해 주는 작은 서점을 열면서 시작됐지만 현재는 일본 문화의 상징이 됐다.

이 서점의 주인공은 책이 아니라 그곳을 찾는 사람들이다. 수십 년 전 음악과 영화를 사랑해 작은 책방을 찾았던 청춘들은 세월이 흐를수록 자신의 취향을 설계하고 노년이 되어서도 풍요로운 완숙미를 자랑한다. 머리가 하얗게 세고 얼굴에 주름살이 깊어졌지만, 호기심에 반짝이는 눈빛으로 책을 고르고 음반을 들어보는 어르신들이 있고, 이를 지켜보면서 '나도 저렇게 근사하게 나이 들고 싶다'는 젊은이들이 있어 세대 차이도 시대 차이도 잊게 만든다.

10년 전 다이칸야마의 츠타야 서점에 갔을 때 봤던 분홍색 스웨터에 회색 코듀로이 바지를 입은 할아버지, 기모노 차림으로 뜨개질 책 교본과 그 앞에 놓인 털실을 고르던 할머니의 단아함에 '나도 프리미엄 에이지로 늙어 가야지'라는 다짐을 했다. 나이 든 사람이 젊은이들에게 희망을 줄 수 있다는 것은 얼마나 근사한 일인가.

2024년 2월에 롯폰기 힐스와 긴자의 긴자식스에 위치한 츠타야 서점에 갔는데 더 세련되어진 진열이 눈길을 끌었다.

다들 남다른 취향을 원하지만 대개는 남과 같은 취향을 답습하는 데 그친다. 유행하는 운동을 하고, 뜨는 맛집에 가서 줄을 서고, 심지어 좋아하는 술도 트렌드에 따라 와인에서 하이볼 등으로 수시로 바뀐다. 하지만 진짜 나의 취향을 가진 사람은 시간과 노력을 투자해서 남들과는 다른 품격을 만들어 낼 줄 안다. 모두 판화처럼 같은 그림을 찍어 낼 때 자기만의 풍경을 가꾸고, 같은 현상도 자신만의 감각으로 재해석한다. 자기가 좋아하는 것을 정확히 파악하는 것이 취향의 핵심이다.

또 다른 기쁨과 재능을 발견하는 순간

프리미엄 에이지에 완벽히 일치하는 사람을 안다. 그를 30여 년 이상 만나 왔지만 한 번도 찡그린 표정을 짓거나 큰 목소리로 화내거나 모임 시간에 늦는 모습을 본 적이 없다. 언제나 가장 먼저 와서 자리를 지키며 다른 사람들을 환한 미소로 반긴다. 77세에도 '영원한 청년'으로 불리는 가수 김세환 선생이다.

그는 사진 촬영 등을 비롯한 다양한 취미가 있지만, 젊음을 유지하는 비결로 자전거 타기를 꼽는다. 그의 자전거에는 '6080888'이란 매직넘버가 있다. 60~80세까지 팔팔하게 자전거를 타며 여생을 보내고 싶다는 바람을 담은 것이다. 마지막 8은 자전거의 바퀴 두 개를 의미한다.

김세환 선생은 자전거 덕분에 제2의 인생을 살고 있어 주위 사람들에게도 자전거 타기를 권유한다. 1986년 미국에서 우연히 산악자전거를 보고 매료되어 구입한 후 계속 자전거와 더불어 살았다. 굳이 운동할 시간을 따로 내지 않아도 될 정도로 일상생활에서 편하게 즐길 수 있는 장점도 있어, 어지간한 곳은 자전거로 이동한다고 한다.

선생은 산악자전거에서 인생을 배운단다. 산악자전거에서 가장 중요한 것은 멋진 기술로 장애물을 넘는 것이 아니라 나에게 맞는 속도와 자세를 찾는 것이다. 이걸 찾으려면 중심을 잘 잡아야 한다. 그게 인생이다. 살아가면서 넘어서고 싶은 장벽을 수도 없이 만난다. 그럴싸한 기술로 장애물을 넘고 싶어 위험한 시도를 해 보곤 한다. 그러나 보통은 균형을 잃고 쓰러진다. 무리하지 않게 나에게 맞는 속도와 자세를 찾기 위해 수없이 멈춰 봐야 한다. 취미가 철학이 됐다.

"세상은 아는 만큼 보이고 보이는 것만큼 사랑하게 됩니다. 지금도 매일 아침에 일어나 신문, 뉴스를 보고 관심 가는 분야의 인터넷 사이트를 뒤적이며 상식을 쌓아요. 남자들의 경우 나이 들어서는 직업보다는 취미가 인생의 질을 결정한다고 생각합니다. 아버지(배우 김동원 선생)가 연극 배우는 등장도 중요하지만 퇴장도 중요하다며, 뒷모습이 아름다워야 한다고 강조하셨어요. 자전거 타면서 은은하게 퇴장하고 싶습니다."

훌륭한 취향만큼 따뜻한 심성과 유머 감각 덕분에 그를 만나려는 이들이 많아 팔순을 바라보는 김세환 선생은 누구보다 활기찬 나날을 누린다.

얼마 전, 40~60대의 지역 CEO들이 수강하는 모 대학 최고위 과정 강의를 하러 갔을 때 일이다. 강의 전에 휴게실에서 몇몇 분과 차를 마시고 있는데 한 분이 기타 교습을 받고 오는 길이라며 들어오셨다.

"선배들을 보면 다 사는 게 재미없다고 합니다. 늙으면 등산도 힘들고 술도 전처럼 마시기 어렵고 낙이 없다고요. 그러니 다들 정치인 욕하고 세상 탓만 하지요. 나는 저렇게 늙지는 말아야

지 하는 마음에 어릴 때 배우고 싶었던 기타를 배우기 시작했습니다. 3년째예요. 사업하느라 스트레스도 받고 나이 들어 인생이 시들해졌는데 기타에서 나의 또 다른 기쁨과 재능을 발견했습니다. 팔순 넘은 어머니 앞에서 좋아하시는 옛 가요들을 기타 반주에 맞춰 불러드리니 너무 즐거워하셨어요. 기타를 치는 순간, 고민은 다 잊습니다. 이제 곧 사업은 아들에게 물려주고 나는 기타 치는 사람으로 삶을 마무리하고 싶어요."

취향이 깊어질수록 삶은 싱싱해져 가고

초등학교 동창 세라는 프랑스의 끝 마르세유에서도 더 내려간 라 시오타란 곳에 산다. 중학교 영어 선생이던 그는 요트에 취미를 가져 배를 마음껏 탈 수 있는 타히티로 가서 교사 생활을 했다. 그곳에서 타히티 춤을 배웠다. 타히티에서 프랑스로 돌아와서도 20년간 계속 타히티 춤 동호회에서 춤을 춘다.

4년 전에 프랑스에 갔을 때 세라는 나를 재즈 공연장에 데려갔다. 입장료를 낸 사람들이 자신이 연습해 온 노래의 악보를 악단에게 주고 그 연주에 맞춰 재즈를 불렀다. 평범한 아저씨 아주머니들이 그날은 진짜 가수처럼 성장을 하고 나와 악단의 반주에 맞춰 노래하는데 다들 무대의 주인공, 아니 자기 인생의 진짜 주인공이 된 표정이었다.

세라는 첼로도 배우는 중인데 은퇴하면 음악학교에 입학할 계획이란다. 두 딸이 곁을 떠나 혼자 지내는데도 그는 외롭거나 심심할 틈이 없다. 그의 춤과 노래와 연주는 더욱 깊어지지만 그의 삶은 항상 싱싱하다.

수사관 출신인 기원섭 선생은 '수사관 일지'라는 블로그를 연재할 때 인터뷰했던 인연으로 지금도 가끔 연락을 주고받는다. 직업에 어울리는 약간 무섭고 무뚝뚝한 인상과는 달리 그는 책이나 영화에서 느낀 감동을 동료들과 나누고 각종 문화행사에도 참여하고 국내외 여행도 자주 다닌다. 70대 중반인 지금도 MZ세대들과 독서 모임도 하고 후배들과 교류한다.

"늘 범인이나 피의자를 만나야 하는 수사관 생활에서도 문화나 예술에 목말랐던 나는 책이나 영화 등에서 다른 인생을 발견하기도 하고 예술이 주는 황홀감도 만끽했습니다. 덕분에 범인을 조사할 때도 더 깊게 그들을 파악하고 이해할 수도 있었고 삭막한 현대생활에 낭만도 찾았습니다."

오래도록 가슴 설레는 것을 곁에 두기

한글을 깨치면서 나의 곁에는 항상 책이 있었다. 동화책이 소설로, 전문 서적으로 변해 갔다. 술이나 명품을 즐기지 않는 나는 책을 사는 데 돈을 아끼지 않는다. 내 집 마련 후 가장 먼저 한 것도 서재를 만든 것이다. 자서전이나 전기, 뇌과학이나 심리학, 역사책, 노년이나 나이 듦에 관한 책 등으로 분류도 했다. 고전부터 신인 작가의 작품까지 다채롭다. 내가 감명 깊게 읽은 책은 지인들에게 추천하거나 따로 구입해 선물한다. 어떤 책에서 발견한 또 다른 작가나 학자의 책을 다시 찾아보고 구입한다.

내 서재에 있으면 책나무에 둘러싸인 공원에 온 것 같아 치유받는 느낌이 든다. 덕분에 정년퇴직 후에도 칼럼도 쓰고 원고 없이 두 시간 정도 강의도 할 수 있다.

어릴 때 우리 집 근처의 가게 주인인 아저씨는 뜨개질이 취미였다. 지금도 그렇지만 예전엔 더더욱 뜨개질이나 자수 등은 여성의 영역이었는데 아저씨는 무료한 시간에 뜨개질하며 가족들 옷도 만들고 주변 사람들에게 목도리나 장갑도 떠서 선물했다. 그래서일까, 그의 표정은 권태와 생활 걱정에 찌들지 않고 늘 상냥했던 것으로 기억한다.

뜨개질, 낚시, 요리, 판소리, 춤 등등 장르에 상관없이 자신의 취향을 아는 사람은 직업도 나이도 초월한다. 스스로 초월하는 삶을 사는 것은 얼마나 자기의 정원을 잘 가꾸느냐에 달린 게 아닐까. 자신이 뭘 좋아하는지, 어떨 때 가슴이 설레는지부터 차근차근 알아보자. 그게 흐리멍덩해지는 우리의 뇌와 눈빛에 생기를 주는 선물이다.

삶은 우리가 무엇을 하며 살아왔는가의 합계가 아니라,

우리가 무엇을 절실하게 희망해 왔는가의 합계이다.

_호세 오르테가 이 가세트

Premium Period

PART 2

최상의 구간에서
가져야 할 마음가짐에 대하여

Potential

잠재력

인생에 너무 늦은 때란 없다

정년퇴직을 한 후에는 장례식장에 가야 전 동료들의 근황을 확인한다. 얼마 진에도 한 선배의 모친상 상례식장에 갔다가 옛 전우들을 만났다. 이제 경로우대증을 받을 나이가 된 동료들은 경이롭게도(?) 뭔가 계속 일을 하고 있다.

사진기자였던 한 동료는 정년퇴직 후 다시 복직해 자료 조사를 담당하고 있다고 했다. 2030 청춘들도 취업이 안 되는 요즘 65세에 재취업을 했다니 일단 축하부터 했다.

"오래 일한 경험 덕분에 일자리를 얻은 거예요. 신문사마다 예전에 필름으로 찍었던 사진을 디지털화해서 설명을 달아 보관해야 하는데 젊은 기자들은 그 시대의 상황이나 배경, 그리고 당시 인물들의 이름을 잘 몰라요. TJ(박태준 전 포항제철 회장) HR(이후락 전 중앙정보부장) 등 인사들의 애칭이나 얼굴도 모르죠. 그래서 늙은 나를 찾더라고요. 우리야 제3공화국 이후 인물들은 거의 기억하니까 그 능력이 필요한 시대가 오네요. 21세기 디지털 시대에 아무 쓸모 없다고 생각했던 아날로그 능력으로 새 일을 찾을 줄 누가 알았겠어요."

내가 가진 보물의 가치를 돌아보라

중장년기는 나도 모르는 나의 재능이나 잠재력을 남들이나 사회가 발견해 주는 시기이기도 하다. 3분 간격으로 태어나는 쌍둥이도 세대 차이를 느끼고, 모든 것이 빛의 속도로 바뀌는 요즘 "나는 이미 너무 늙있어", "내가 가진 것은 다 가치 없는 세상이야"라고 자포자기하거나 무조건 새로운 일에 도전하기보다 내 안의 능력과 자산을 차분하게 살펴봐야 한다.

또 주변에서 칭찬을 하거나 호의적 반응을 보인다면 "아유, 그런 게 뭐 잘하는 거라고", "다들 나만큼은 하잖아"라고 겸손해하기보다 일단 수긍하고 동의하는 것도 필요하다. 정작 우리는 우리가 가진 보물을 모를 수도 있다.

코로나가 극성을 부리던 2020~2022년에 나의 자존감은 바닥을 쳤고 불안감은 하늘을 치솟았다. 우리나라가 아니 전 세계가 다 막연한 공포와 확실한 코로나 증세, 무엇보다 불경기로 총체적 난국을 겪었다.

정년퇴직 후 나의 주 수입원은 강의였다. 국내 여행은 물론 동네 카페에 앉아 커피를 마시는 여유조차 허락되지 않던 시기라 강의가 슬슬 줄어들더니 거의 끊겼다. 줌 방식으로 하는 강의는 가끔 있었지만 직접 대면하는 것이 아닌 노트북 화면에 비친 사람들을 보고 하는 강의는 낯설고 당혹스러웠다.

그 무렵에 나는 나 자신의 정체성이나 능력, 미래에 대한 점검을 하게 됐다. 나는 박사학위를 가진 전문가도 아니고 운전면허를 비롯한 자격증 하나 없다. 명강사인 김미경 씨나 김창옥 씨처럼 신의 은총을 받은 화술도 없고, 누구에게 희망의 증거를 보여줄 만큼 역경을 이겨 내고 성공한 사람도 아니다. 그저 속절없이 늙어 가고 있다.

왜 박사학위를 따지 않았을까, 왜 자격증이라도 따서 전문성을 갖추지 않았을까, 왜 진즉 매달 꼬박꼬박 세를 받을 수 있는 오피스텔이나 상가라도 마련하지 않았을까, 하고 자책하다 보니 스트레스로 면역력이 뚝 떨어져 눈에 다래끼가 나고 감기는 완전 지병이 됐다. 그때 평소 매사 허당인 엄마를 몹시 우습게(?) 알던 딸이 내게 말했다.

"엄마는 왜 엄마를 과소평가해? 박사학위를 땄다고 다 전문가는 아냐. 엄마는 60년을 넘게 살면서 어마어마한 책을 읽고 영화를 보고 세계 곳곳을 다녔잖아. 30여 년간 기자 생활을 하면서 대한민국에서 엄마만큼 각계각층의 다양한 사람을 직접 만난 이도 없을 거야. 그냥 만난 게 아니라 오랜 시간 인터뷰하고, 그 인터뷰를 하기 위해 자료도 찾고 조사도 했잖아. 엄마는 '사람 전문가'이자 '사람 연구가'야. 그걸 왜 본인이 모르고 인정을 안 해?"

딸의 말에 나를 둘러싼 두려움과 막막함과 서글픔의 안개가 걷히는 것 같았다. 복잡한 세상에서는 특정 분야의 전문가Specialist보다 제너럴리스트Generalist, 즉 특별한 전문가는 아니지만 다양한 분야에 대한 지식과 경험을 가진 사람들이 전하는 쉬운 이야기가 훨씬 전달력이 있지 않은가. 생각해 보니 나는 5세 어린이부터 100세가 넘은 김형석 교수, 살인자부터 성직자, 노숙자부터 재벌 등을 인터뷰했고 평소 운동도 안 하고 술도 마시지 않아 유일한 취미가 책 읽기와 영화 보기, 전시회 관람이고 사람 관찰을 잘한다.

나를 포함해 60년 가까이 인생길을 지나온 사람들은 누구나 몸과 머리에 자기만의 도서관이 만들어져 있고 장독엔 각종 장이 발효되어 가고 더 깊숙한 동굴엔 광맥들이 깊숙이 자리 잡고 있다. 그걸 되찾는 것이 우리의 의무이자 미래 자산이다.

늦게라도 꽃 피우고 싶은 꿈이 있다면

고대 그리스의 철학자 아리스토텔레스는 "무엇이 최고선이고 무엇이 좋은 삶인가"라는 질문을 던지면서 이렇게 설명했다.

"최고선은 자신의 잠재력을 실현하는 것이다. 다이몬Daimon이라고 부른 각자의 고유한 능력은 우리 모두 갖고 태어났다. 인생을 살면서 우리가 할 일은 그 고유한 능력이 무엇인지 알아내고 이를 실현하기 위해 최선을 다하는 것이다."

《내 그림자가 나를 돕는다》라는 책의 저자인 미국의 심리학자 데이비드 리코는 "우리 모두 각자 인생의 영웅"이라고 강조한다.

약한 존재로 태어나 시련을 겪고 시련을 극복하는 과정에서 내 안에 있는 어마어마한 능력을 발휘하고 능력을 실현하는 것이 우리의 삶이다. 시련은 내가 어떤 사람인지를 발견하게 해 주는 계기가 된다. 악당들이 오히려 주인공이 갖고 있는 잠재력을 실현시켜 주는 계기를 마련해 준다. 자신도 몰랐던 재능을 발견하고 내면에 숨어 있던 용기와 기쁨의 원천을 발견할 것이다. 더불어 우리는 스스로 상상했던 것보다 더 큰 자기 자신을 발견하게 될 것이다.

현재 대한민국에서 가장 유명한 할머니는 박막례 할머니가 아닐까. 120만 구독자의 파워 유튜버인 박 할머니는 유튜브에서 보여 준 요리 실력을 바탕으로 밀키트 사업에도 뛰어들었고, 홈쇼핑에서 간장게장을 선보여 130퍼센트 판매를 기록하기도 했다. 박 할머니는 과일 장사, 가사도우미, 공사장 백반집, 식당 운영 등의 일을 50여 년간 하며 혼자 2남 1녀를 씩씩하게 키워 냈다. 그런데 2016년에 의사로부터 치매를 주의하라는 소견을 듣고 말았다. 언니 셋이 모두 치매 판정을 받은 터라 의사의 소견은 그에게 마치 시한부 인생 선고와도 같았다.

어릴 때부터 자신을 키워 준 할머니의 치매를 예방하기 위해 손녀 김유라 씨는 회사를 그만두고 호주 여행을 제안했다. 호주 여행 중 아이처럼 신나 하며 전라도 사투리로 원색적인 감탄사를 연발하는 모습을 담은 〈박막례 할머니의 욕 나오는 호주 케언즈 여행기〉 영상이 화제를 모으면서 할머니는 스타가 됐다. 유튜브에서 드라마를 보며 혼잣말하고 인형과 함께 병원 놀이도 하는 등 천진한 모습도 큰 호응을 얻었지만 "이런 건 그냥 대충 막하면 되는 겨"라며 비빔국수 등 음식을 만드는 장면이 수백만 조회 수를 기록하며 이른바 대박이 났다. 과거 남의 집 도우미, 공사장 백반집에서 수많은 요리를 해 온 음식 솜씨와 레시피 노하우가 70대 중반에 꽃을 피운 것이다.

인천 미추홀구에는 장난감 병원이 있다. '키니스 장난감 병원'은 공학도 출신의 할아버지 '의사'들이 아픈(?) 장난감을 무료로 고쳐 준다. 인하공업전문대 교수 출신의 김종일 병원 이사장을 비롯해 교수, 대학 동기 등과 함께 68세 이상의 여덟 명의 의사들이 전국에서 보내온 장난감의 병을 진단하고 수술해서 다시 보내 준다. 2011년 퇴직 후 사회에 봉사하겠다는 마음으로 이 병원의 문을 열었다. 그동안 1만 5,000개가 넘는 각종 장난감을 수리했다. 가장 많이 고쳐 준 장난감은 모빌이다. 신생아들이 모빌을 보는 동안은 엄마들이 숨돌리고 밥이라도 먹는 여유를 가질 수 있을 것 같아 먼저 고쳐 준다. 또 개인이나 완구공업협동조합에서 장난감을 기부받아 미혼모 가정 등에 전달한다.

"공학도들은 아주 단순하거든요. 그리고 손은 꼼꼼하죠. 분야는 다르지만 우리의 재능이 이제 아이들과 부모들을 위한 기쁨과 평화로운 시간에 도움을 준다니 보람을 느낍니다."

차오르기를 기다리다

자신의 잠재된 능력을 밖으로 꺼내려면 여백, 텅 비워진 멈춤의 시간이 필요하다. 목표를 정해 무작정 달려가기보다 멈춰서 숨을 고르는 텅 빈 공간을 가져야 그곳에서 나의 재능, 무기, 내가 좋아하는 것 등의 정체를 확인할 수 있다. 휴대폰이나 컴퓨터를 꺼놓듯 일상에서도 플러그를 빼는 것이다. 너무 숨 가쁘게만 살면 관성의 법칙에 따라 굴러가는 바퀴로 살게 된다.

최근에 박완서 선생의 미발표작 에세이를 구입했다. 나는 박완서 작가의 모든 작품을 읽었고 그분이 돌아가신 후에도 출간되는 산문집이나 인터뷰 책 등을 빠짐없이 읽어 왔다. 박 선생은 결혼해 다섯 아이를 낳고 주부로 살다 1970년, 마흔 살의 나이에 아이들과 남편이 잠든 시간에 밥상을 펴고 썼다는 《나목》이 〈여성동아〉 장편소설 공모전에서 당선되면서 엄청난 화제를 모았다. 한때 문학소녀였고 작가를 꿈꿨지만 일기 한 줄 쓸 여력도 없는 주부들에게 그는 등대 같았다.

하지만 박완서 작가의 데뷔는 하루아침에 일어난 일은 아니었다. 《박완서의 말》은 박 선생이 생전에 기자, 문학평론가들과 나눈 인터뷰를 모은 책이다. 이 책에서 자신의 작가 등단에 대해 이렇게 말했다.

어느 정도 차오를 때까지 기다려야 해요. 취미로 하기엔 글 쓰는 건 힘들어요. 요즘 여자들 글 쓰고 싶어들 하지요. 70년대, 20대의 젊은 작가들이 활동하던 시기에 마흔 살은 늦은 거였어요. 그게 제가 처음 각광받은 요인이기도 했어요. 차오를 때까지 기다렸다는 게 지금까지 오래 글을 쓸 수 있게 하는 거 같아요. 경험이 누적돼서 그것이 속에서 웅성거려야 해요. 지금 내 나이가 예순다섯인데 어떤 때는 한 500년은 산 것 같아요.

또 작품을 쓸 때 영감이란 하늘에서 뚝 떨어지는 것이 아니라 항상 제 나름의 그물을 치고 있는데 거기에 걸려드는 부분이 경험과 만날 때 어떤 영감을 부여하는 것 같다고 했다.

나는 내 그물이 어디에 있는지도 까먹고 쳐 놓은 그물에 걸린 이야기들도 살펴보지 않았다. 혹은 그 이야기가 아주 시시하다고 무시해 버리는 사이에 그물도, 나도 텅텅 비어 간 것 같다. 싱싱하고 반짝이는 이야기들도 말라비틀어져 그물을 빠져나간 것은 아닐까.

평생 정규교육도 못 받고 소작농의 아내로 일하면서 집 안의 낡은 곳을 감추기 위해 일상의 소소한 풍경 그림을 그려 덮어 두거나 마을의 지인들에게 자신이 만든 크리스마스카드를 전했던 애나 메리 로버트슨 모지스 할머니는 76세에 본격적으로 그림을 그리기 시작해 미국의 국민화가가 되었고 101세까지 그림을 그렸다. 눈 오는 날 썰매를 타는 아이들, 동네에서 뛰어노는 강아지

등 그가 그린 그림은 지금도 사랑받고 있다. 모지스 할머니는 자서전에서 "인생에서 너무 늦은 때란 없습니다"라고 간결한 메시지를 남겼다.

한 친구는 얼마 전 한 대학에서 특강을 마치고 나오면서 이렇게 말했다.

"인경아, 오늘 나의 새로운 능력을 찾았다. 강의한 지 15분이 지나니까 몇 명이 졸기 시작하더라. 40분쯤 지났을 때는 반은 엎드려 졸고 20퍼센트는 눈이 거의 감긴 상태이고, 나머지는 다른 생각을 하는 것 같았어. 요즘 불면증 환자가 그렇게 많다는데 '약을 먹지 않아도 잠이 절로 와요'라고 광고하면서 내 강의 영상이나 오디오클립을 팔면 어떨까?"

우리는 한참을 웃었지만 혹시 아는가, 그 친구의 재능이 특허 상품으로 히트할지?

나는 박완서 선생의 말처럼 내가 친 그물을 찾아보려 한다. 분명 무엇인가 걸려들었을 거다. 그걸 찾아 맛있게 요리하는 것이 인생 후반부에 할 일이다.

Pick

선택

**내가 선택한 것이
나를 만든다**

인생은 고르기 게임이다. 그날의 옷차림부터 점심 메뉴, 직장, 결혼 등등 내가 고르고 선택한 것이 결국 내 삶이 되고 남들이 나를 판단하는 기준이 되기도 한다.

청춘 시기에 선택의 기준은 출세나 명예다. 일이 많더라도 연봉이 높은 직장, 같이 있기 역겹지만 그래도 내게 동아줄을 내려 줄 것 같은 선배, 위험부담은 커도 도전해 볼 만한 자리 등을 선택한다. 물론 나중에는 그 선택을 후회하기도 한다.

나이가 들면 어떤 상황에서도 우왕좌왕하지 말고 나의 행복과 평화에 보탬이 되는 일을 선택하면 된다. 모든 상황에 내가 '선택권'을 갖고 있음을 깨닫는 것이 나를 평화롭게 한다.

무엇을 선택할지 자신에게 가장 먼저 질문하라

현명한 선택은 타인의 의견에 의존하기에 앞서서 자신에게 질문을 던지는 것에서 비롯된다. 프랑스의 철학자인 프레데릭 르누아르는 책《철학, 기쁨을 길들이다》에서 자신의 체험을 전했다.

그는 어느 날 독일 출판사 편집자와 미팅 등 약속이 많아 지하철을 타는 대신 직접 파리 시내를 차로 운전해서 갔다. 길이 막혀 약속 시간이 지나 버렸고 마음이 급한 나머지 길가에 차를 아무렇게나 세워 두고 일단 약속 장소인 식당으로 뛰어 들어갔다. 그러고 나서 나와 보니 그의 차는 주차위반으로 견인된 후였다. 물어야 할 범칙금, 차를 가지러 가느라 길에서 버려야 할 시간, 놓치고 말 다른 약속들 생각에 화가 치밀어 올라 욕이 튀어나왔다. 그때 그의 마음속의 작은 목소리가 이렇게 속삭였다. '정말 이래야 할 정도로 심각한 일이야?'라고.

나는 하늘을 쳐다보면서 한숨을 뱉었다. 햇살이 환하고 날씨가 참 좋았다. 나는 순탄하게 살아가고 있었고 인생은 내게 미소를 보내고 있었다. 나는 내가 좋아하는 일을 하고 있었다. 자동차를 견인당한 게 유감스럽다고는 해도 과연 그게 이 근사한 인생을 망쳐 버릴 만큼 중요한 일인가? 내가 그 일을 놓아 버리기로 마음먹은 그 순간, 강렬한 기쁨이 밀려왔다. 나는 그 기쁨을 주체하지 못하고 껄껄 웃어 버렸다. 자동차를 견인당한 것도 우스꽝스러운 촌극 같아서 한바탕 웃어 버렸다.

나는 이 책을 읽은 후 화가 치밀거나 심신이 무너져 내릴 것 같이 낙담할 때 우선 나에게 질문을 해 보는 습관을 갖게 됐다(물론 자주 까먹긴 한다).

기억도 희미한 아주 오래전에 청년들을 대상으로 한 강의를 한 적이 있다. 퇴근 후에 한 강의인 데다 그날 신문사에서도 고된 시간을 보내 피로에 찌들어 있었다. 까마득히 잊고 있었는데 세상에, 그 강의 영상이 최근에 인터넷에 돌아다니는 걸 봤다. 댓글도 확인했는데 강의 내용에 대해서는 착한 댓글이 많았지만 외모에 대해 "꼬라지하고는⋯"이라고 평한 댓글이 눈에 띄었다. 순간 오래전에 한 강의 영상을 왜 내 동의 없이 올렸나 하는 속상함과 더불어 '그럼 당신의 꼬라지도 보여 봐'라고 대댓글을 달고 싶은 충동을 느꼈다. 그러나 나이 들면서 스토아학파의 철학에 매료된 나는 그들의 지혜를 '선택'했다. 분노가 아닌 평정심을 찾기로 말이다.

기쁨을 선택하는 아주 간단한 방법

미국 오하이오주 라이트 주립대 철학 교수인 윌리엄 B. 어빈이 쓴 《좋은 삶을 위한 안내서》는 내 머리의 비등점이 올라갈 때마다 읽는 책이다. 특히, 모욕을 당했을 때 즉각적인 효과를 얻는다.

사람들은 모욕을 당하면 즉시 화를 낸다. 그런데 스토아 철학자들은 화가 평정심을 흐뜨리는 부정적 감정이므로 모욕에 화내지 않는 법을 찾아야 한다고 생각했다. 그들에게는 모욕이 주는 따끔하고 알알한 아픔을 없애는 방법이 필요했다. 그중 하나가 모욕을 당했을 때 잠시 멈춰 모욕을 준 사람의 말이 사실에 부합하는지 따져 보는 것이다. 그의 말이 사실이라면 화낼 이유가 없나. 세네카는 이렇게 묻는다. "자명한 사실을 들었다면 그것이 왜 모욕인가?" 에픽테토스가 권하는 모욕의 따끔한 아픔을 없애는 다른 방법도 있다. 모욕을 준 자가 정말 제대로 알고 있는지 잠시 생각해 보는 것이다. 그저 우리 기분을 상하게 하려는 의도라면 차분한 마음으로 그의 생각을 바로잡아 주어야 한다.

나는 당시에 요즘 말로 '꼬라지가 메롱'이었다. 그리고 그런 댓글을 단 사람은 나를 모르는 사람이다. 어떤 사람이 심심해서 혹은 다른 일로 빈정 상해 코 푼 휴지를 버리듯 쓴 댓글에 스트레스를 받지 않기로 했다. 공자의 말씀으로 알려진 글도 도움이 된다.
"화를 내서 분노를 푸는 것은 내가 독약을 먹고 상대가 죽기를 바라는 것과 같다."
60이 넘어도 여전히 누군가의 말이나 문자에 상처를 받기도 하지만 나는 독약이 아닌 해독제를 준비해 두고 있다. 예의상, 혹은 사탕발림으로 가족이나 지인들이 내게 보내 준 카드, 문자, 메일 등을 캡처해서 휴대폰에 저장해 두고 기분이 꿀꿀할 때마다 본다.
"선배, 태어나 줘서 감사해요"라는 후배의 생일 축하카드 글,

"그동안 직장생활이 벼랑 끝으로 내몰릴 때마다 작가님의 힘찬 응원과 따뜻한 조언이 저를 버티게 하고 살렸습니다"라는 독자(가끔 카톡을 주고받는)의 문자는 남들에게는 낯부끄러워 못 보여 주지만 나의 은밀한 치유제 역할을 한다. 내가 누군가에게 도움이 되는 존재라는 것은 엄청난 기쁨이기 때문이다.

원치 않는 것은 무시하는 능력

슬픔이 온몸을 감쌀 때도 마찬가지다. 21년 전, 엄마가 10년간 치매를 앓다 돌아가셨을 때 나는 처음엔 전구의 필라멘트가 끊긴 듯 멍하다가 시간이 지나자, 엄마의 부재라는 막막함과 슬픔으로 고통스러웠다. 그리고 하늘에 대고 수시로 엄마를 불러 보기도 하고 오랜 시간 엄마의 물건도 제대로 정리하지도 못했다. 그런데 한 선배의 말에 나는 다른 선택을 했다.

"애도의 시간을 충분히 갖는 것은 중요해. 하지만 어머니를 그리워하는 것과 슬픔에 빠져 있는 것은 다른 문제야. 만약 어머니가 하늘에서 인경 씨를 지켜보신다면 매일 울고 있는 딸이 효녀라고 생각할까? 아니야. 인경 씨가 어머니 없이도 더 꿋꿋하고 건강하고 행복하게 잘 살기를 바랄 거야. 더구나 인경 씨는 어른이잖아."

나는 그리워는 하되 엄마의 부재를 더 이상 슬퍼하지는 않기로 했다. 내가 더 밝고 건강하게 사는 것이 엄마가 하늘에서 미소 짓게 하는 일이라고 생각해서다.

프랑스의 사상가이자 작가인 롤랑 바르트는 어머니와 매우 밀착된 관계였다. 어머니 앙리에트 벵제가 사망한 다음 날부터 바르트는 '애도 일기'를 쓰기 시작해 이를 책으로 펴냈다. 슬픔에 매몰되어 있으면서도 그는 결국 어머니의 죽음 앞에 무너지지 않고 자신의 삶을 살아가기를 선택했다.

…그녀는 죽었지만 그럼에도 불구하고 나는 완전하게 파괴되지 않은 채로 살아 있다. 이 사실은 무얼 말하는 걸까. 그건 내가 살기로 결심했다는 것. 미친 것처럼 정신이 다 나가 버릴 정도로 살고 싶어 한다는 것이다.

인생의 목적이 쾌락이라고 주장해 쾌락주의 철학자로 불리는 고대 그리스의 철학자 에피쿠로스는 인생의 목적이 쾌락이 아니라 행복이라고 제자들에게 가르쳤다. 그리고 그 행복은 자신의 인생을 살펴보기에 완벽한 시간, 통제할 수 있는 나만의 시간을 갖는 것이라고 강조했다. 그리스 신화에 등장하는 시간의 신인 '크로노스'는 시계에 좌우되는 시간의 길이를 뜻한다. 그리고 '카이로스'는 기회를 잡을 수 있는 한순간, 혹은 인간이 평생 동안 체험하는 주관적 시간이란다. 카이로스를 선택해 내가 추구하는 행복에 집중하는 것이 철학자처럼 나이 들어 가는 것이다.

그런 점에서 재클린 케네디는 에피쿠로스 철학을 평생 실천했다. "눈과 눈 사이가 상당히 멀고 머리가 커서 나에게 맞는 모자와 선글라스를 고르려면 2주일이 걸린다"고 말할 만큼 자존감(?)도 컸던 그는 평소 말을 아끼는 신비로운 분위기였고, 막상 입을 열면 교양과 박학다식한 지성으로 남편인 케네디 대통령은 물론 드골 프랑스 대통령 등을 감동시켰다. 그런데 그 매력의 비결(?)은 어린 시절 부모의 불화 덕분이란다. 결국 이혼했지만 재클린의 부모는 수시로 과격하게 싸웠는데 그럴 때마다 그는 울고불고하거나 가족의 불행을 괴로워하는 대신 자신을 진공 상태로 만들어 상상의 나래를 펼치거나 닥치는 대로 독서를 했다.

그는 평생 자신이 원하는 상황만 선택했고 원치 않는 것은 무시하는 능력을 키워 갔다. 남편 케네디의 외도도 묵인했고, 댈러스에서 대통령인 남편이 총탄에 쓰러질 때도 피를 흘리는 그의 머리를 감싸 안고 퍼스트레이디다운 침착함을 유지했다. 자녀의 안전이 필요하다는 생각에 자신보다 키도 작고 나이도 23세나 많은 그리스 선박왕 오나시스를 재혼 상대로 선택했다. 오나시스는 생전에 재클린이 사치와 낭비가 심하다고 주변에 욕했지만 재클린은 단 한 번도 그를 공개적으로 험담하지 않았고 그의 사후에 유산도 우아하게 챙겼다. 그리고 만년엔 대화가 통하는 다이아몬드 거래상이자 예술품 수집가였던 모리스 템펠스만을 선택했다.

가능한 것을 선택하는 지혜

이탈리아 영화 〈인생은 아름다워〉는 지옥 같은 현실을 흥미진진한 놀이처럼 만든 아버지의 이야기다. 유태인 수용소에 끌려간 귀도(로베르토 베니니 분)는 네 살 난 아들을 독일군 몰래 수용소 침대에 숨게 하고 아들에게는 이 상황을 거짓말로 설명한다. 여긴 캠프이고 게임을 해서 1,000점을 먼저 따는 사람에게 탱크를 준다고. 엄마가 보고 싶다고 울거나 배가 고프다고 떼를 쓰면 점수가 깎이니 조용히 지내서 탱크를 받자고. 아들 조슈아는 강제 노동에 지쳐 돌아온 아버지에게 오늘 몇 점을 받았느냐고 천진하게 묻는다. 나치를 피해 아들을 쓰레기통에 잠시 숨겨 놓은 귀도는 나치에게 총살 당하러 끌려가면서도 쓰레기통 구멍으로 자신을 보는 아들을 위해 게임을 하러 가는 듯 장난스러운 미소를 지어 보인다. 그는 아들에게 거짓말을 선택했지만 덕분에 아들은 죽음의 수용소에서도 캠프에 참여한 즐거움을 누렸다.

아무리 암담한 상황에서도 자신의 존엄을 지키는 현명한 선택은 때로는 다른 이들에게도 기쁨이 된다. 빈센트 반 고흐는 이런 글을 남겼다.

"나는 늙거나 추해지고 초라해지며 가난해지는 만큼 더 눈부시고 조화로우며 화려한 색으로 그에 복수하고자 한다."

수많은 고통 속에 자살 충동에 시달리던 그가 선택한 눈부시고 조화로운 색깔의 그림 덕분에 우리는 얼마나 위안과 감동을 누리는지 그의 그림을 볼 때마다 "고마워요"라고 혼잣말한다.

20세기 최고의 피아니스트 중 하나로 꼽히는 아르투르 루빈스타인은 95세까지 살며 만년에도 연주 활동을 했다. 자신의 노화를 받아들이고 불필요한 욕심을 버린 덕분이란다. 첫째 연주할 수 있는 곡의 수를 줄이고, 둘째 수를 줄인 만큼 연습을 늘리고, 마지막으로 빠른 템포 직전에는 템포를 더 늦춰서 실제로 치는 것보다 더 빠르게 들리게 했단다. 억지로 밀어붙이는 대신에 합리적 운지법을 선택한 것이다.

나이 들어서 선택은 더 나은 것이 아니라 내게 불필요한 것을 골라 버리는 것이다. 특히 내가 남들에게 휘둘려 피곤해지지 않으려면 내게 질문을 해야 한다. 그 일을 내가 할 수 있는지가 아니라 내가 하고 싶은 일인지 아닌지를 물어보면 된다. 그리고 거절을 선택하는 것이 서로에게 도움이 되기도 한다. 나이 들어서야 알았다. 내가 타인의 부탁을 거절한다고 절대 큰일이 생기거나 인간관계가 어그러지지 않는다는 것을….

Phenomenal

경이로운

몸의 노화보다
감성의 마모를 경계하라

어쩌면 너무 일상적이고 사소한 모습인지도 모른다. 그런데 나는 TV 프로그램의 한 장면을 보고 너무나 뭉클해서 감동했다. 주인공은 최민수 배우의 아내 강주은 씨와 그 어머니다. 결혼 후 30년 만에 캐나다에 사는 부모님을 모셔 와 함께 사는 모습을 보여 주는데 요리하는 딸 곁에서 주변을 살피던 어머니가 테이블에 장식으로 놓인 찻잔을 발견하고 노래하듯 말한다.

"I love… 이 그릇 너무 이뻐!"

어머니의 그 감탄사에 일하던 손을 멈추고 "나 혼자 남자 세 명(남편과 두 아들)이랑 살았잖아. 아무리 그런 장식을 해도 아무도 몰라"라고 말하는 강주은 씨의 눈가에 눈물이 맺혔다. 어머니는 "난 이쁜 너 하나만 있었잖아"라고 말한다. 아름다운 찻잔을 골라 잘 배치한 무남독녀 외동딸의 감성과 감각을 알아채고 감탄사를 전한 것이다. 세 명의 남자보다 더 소중한 예쁜 외동딸에 대한 애틋한 사랑을 표현한 80대 어머니 덕분에 주은 씨는 30년의 외로움이 녹아내리는 듯 보였다. 이게 감탄사의 경이로운 효과다.

마음껏 울고 웃고 기뻐하고 슬퍼하라

우리나라 어른들이 "와우, 이 찻잔 너무 근사하다", "당신 오늘 진짜 멋져 보여", "어머, 어머 무지개가 떴네"라고 감탄사를 연발하면 "손발이 오글거린다"란 말을 들을지도 모른다.

나를 비롯한 우리나라 중장년들은 자신의 감정이나 감성을 제대로 표현하지 못하도록 가정과 학교에서 강박적인 교육을 받았다. 가족과 함께하는 밥상머리에서는 "밥 먹을 때 쩝쩝 소리 내지 말아라", "말하지 말고 조용히 밥이나 먹어"라는 말을 듣고, 학교에서는 "떠들지 마", "까불지 마", "웃지 마" 등의 주의를 듣고 자랐다. 웃으라고 만든 개그 프로그램을 보고도 웃지 않는 게 어른스럽다고 착각했다.

웃고 떠들고 까불면 점잖지 못하고 경박하다, 자신의 감정을 적극적으로 드러내면 호들갑스럽다는 편견은 누가 주입한 걸까. 알고 보니 점잖은 척, 고상한 척하는 먹물 든 이들이 위선과 지능 범죄의 주인공이었는데 말이다.

법정 스님은 "우리가 두려워해야 할 것은 나이 들고 늙어 가는 것이 아니라 감성이 마모되는 것"이라고 말씀하셨다. 무소유를 강조하셨지만 법정 스님은 누구보다 풍성한 감수성을 갖고 계셨다. 그분의 글에는 풀 한 포기, 찻잔 하나에 얼마나 행복하고 기뻐하셨는지 잘 표현되어 있다.

세 돌이 되어 가는 손자와 함께 《에밀리》라는 동화책을 읽었다. 집에서 늘 은둔하던 시인 에밀리 디킨슨이 자기 집을 방문한 이웃집 소녀와 대화를 나눈 후 "네가 시야, 난 그걸 받아 적을 뿐이고"라고 말한다. 맑은 영혼으로 울고 웃고 기뻐하고 슬퍼하는 아이들은 그 자체로 한 편의 시다.

크리스마스트리 앞에 놓인 선물을 발견하고 "와, 산타가 다녀가셨네"라고 감격하고 길가의 꽃을 보고도 "노란 꽃이 너무너무 예뻐요"라고 수시로 감탄사를 연발하는 손자, 자기 집 문을 열고 들어선 나를 발견하고는 "할머니이잇~" 하면서 폴짝폴짝 뛰며 달려오는 그 아이를 껴안으며 나는 열광적인 '환대'가 얼마나 큰 선물인지를 확인한다. 마음과 함께 지갑이 절로 열린다.

평범한 것도 반짝이게 만드는 감탄사의 힘

왜 나이가 들면 무릎은 흔들리는데 마음은 안 흔들리고, 중얼중얼 혼잣말과 지적질은 늘어나면서 경이로운 풍경이나 감동적인 순간을 마주하고도 입은 다물어질까. 아르헨티나의 시인이자 작가인 호르헤 루이스 보르헤스는 기자와의 인터뷰에서 "시를 읽을 땐 감동을 받는 게 중요하다고 생각해요. 시를 육체적으로 느끼지 않는다면 시를 전혀 느끼지 못한 거나 마찬가지예요"라고 했다.

보르헤스의 말처럼 감동과 감탄은 말이 아니라 몸으로도 표현해야 한다. 박수도 치고 손도 흔들고 발도 구르고 눈물을 흘리기도 하면서….

　여러 가지 사건들로 호감도보다는 비호감도가 높은 사람이 가수 겸 화가인 조영남 선생이다. 그러나 팔순인 그의 곁에는 여전히 다양한 연령과 직업을 가진 지인들이 가득하다. 나는 그 비결(?)은 그가 주변 사람에게 온몸으로 보여 주는 감동 어린 표현과 감탄사 덕분이라고 생각한다.

　"넌 정말 대단한 일을 한 거야", "오늘 이 친구 옷, 근사하지 않니?", "너무 웃겨서 죽는 줄 알았어", "그 영화 꼭 봐야 해", "이 식당 보리굴비 예술이다" 등등의 말을 하며 엄지손가락을 치켜세운다. 내 시시한 농담에 그토록 재미있다고 박수 쳐 주는 사람을 어떻게 멀리하겠는가.

　여러 명이 식사할 때도 뚱한 표정으로 아무런 말 없이 밥을 먹으면 체할 것 같다. 누군가 "와, 이 집 두부조림 너무 맛있다. 이거 먹으러 다시 와야겠다"라거나 "젓가락과 숟가락을 따로 포장해서 내놓았네요. 사소한 것도 배려하는 주인의 마음이 느껴져요" 등의 말을 하면 밍밍한 음식이나 평범한 식당도 반짝거리고 우리 마음도 푸근해진다.

　MBTI가 극강 내성적인 I형이라서, 혈액형이 A형이라서, 사상체질이 태음인이라 감동, 감탄, 경이로움을 표현하기 어려울 수도 있다. 하지만 운동이나 노래처럼 연습하면 가능하다. 수시로 감탄하는 사람들과 자주 만나거나 이미 가진 감정의 온도를 높이는 훈련 말이다.

호들갑스럽지 않게 감탄하는 연습

행복은 어마어마하게 심오하고 대단한 것이 아니라 그저 내가 가진 것들에 대한 재발견과 재해석이라고 생각한다.

《기분의 디자인》이란 책의 저자 아키타 미치오 씨는 70세의 제품 디자이너다. 차량 신호등, 커피메이커 등 일상의 제품과 공공시설을 디자인한다. 그는 "인생을 여유롭게 즐기는 어른이 되기 위해선 기분이 풍족해야 한다"고 말한다.

풍족한 기분을 유지할 수 있는지가 인생의 만족도를 결정한다고 믿거든요. 기분이 풍족한 상태란 폭신하고 부드러운 느낌과 같겠죠. 따뜻하면서도 숨 쉬기 편한 느낌이겠고요. 자신을 부드럽게 유지하려면 이것저것 따지지 않고 자신의 상태를 살필 필요가 있죠.

감동과 감탄사는 버튼을 누르면 나오는 정수기 물이 아니다. 평소에 자신의 딱딱하고 굳어 있는 기분을 잘 살피고 어루만져 폭신하고 부드럽게 만들어야 스펀지처럼 상황을 받아들이고 기쁨을 내뿜는다. 기쁨이란 '기운을 뿜어낸다'는 뜻이기도 하다.

얼마 전 생애 첫 인터뷰를 한다는 한 소녀에게 보여 준 배우 케이트 윈슬렛의 태도와 말은 너무나 멋졌다. 유튜브의 짧은 영상을 통해 봤다.

"처음 하는 인터뷰라고요? 와우 그렇군요. 오늘 인터뷰는 감탄할 정도로 놀라울Amazing 거예요. 왜냐하면 우리가 그렇게 만들 거니까요. 자, 이제 인터뷰 시작할까요?"

그렇게 말하며 오스카 여우주연상에 빛나는 대배우는 진짜 기자가 아닌, 그날 기자 역할을 수행하는 소녀 가까이로 의자를 당겨 앉으며 미소를 지어 보였다. 그 어린 소녀는 영원히 이 순간을 잊지 못하리라. 잔잔한 말투로 이토록 감동과 용기를 주는 케이트 윈슬렛에게 존경심이 느껴졌다.

미국의 철학자이자 심리학자 에이브러햄 매슬로는 '인간 욕구 5단계설'로 유명하다. 그는 5단계 중 가장 높은 수준의 인간 욕구로 아름다움, 신뢰감, 정의에 대한 욕구를 들었다. 그리고 가장 고차원적인 것은 탐미적 욕구로 아름답고 진실된 것을 발견하는 것이라고 했는데 그것을 절정 경험Peak Experince이라고 했다. 그런 절정 경험을 할 때 감탄사와 경이로움이란 감정을 발견하게 된다.

지금은 작고하신 헤어디자이너 그레이스 리 선생은 범접하기 어려운 카리스마의 소유자였다. 누구라도 그분 앞에선 지은 죄도 없이 주눅이 들었다. 나는 '제대로 감탄하는 법'을 그분에게 배웠다. 오래 만나며 밥벗(맛있는 음식을 나누며 즐거움도 공유하는 관계)이 된 우리는 선생의 집이나 많은 식당에서 음식을 나누었다. 그분은 절대 호들갑스럽지 않고 묵직하게 경이로운 감동을 표현했다. 풍경이건 음식이건 찬찬히 느긋하게 음미한 후에 제대로 그 대상과 그걸 느끼는 자신의 감각에 대한 기쁨으로 얼굴빛이 안에서 밖으로 스며 나와 화사해졌다.

생선알을 말린 어란을 손으로 조금 떼어 입에 넣고 마치 와인을 감별하는 것처럼 눈을 감고 혀를 굴려서 맛본 다음 고개를 끄덕였다. 홍콩식 죽집에 갔을 때도 흰쌀죽을 한 숟가락 떠서 찬찬히 목으로 넘기고 만족스러운 미소를 지었다.

"쌀죽이 참 쉬워 보이지만 가장 어려운 음식 중 하나야. 적절한 시간과 정성을 들여야 희멀건 죽이 아니라, 찰지면서도 부드러워지지. 처음엔 아무 맛도 안 나는 것 같지만 물과 불과 시간이 만들어 낸 쌀의 고소함과 깊은 향도 느껴진다니까."

그레이스 선생은 선물 포장도 찬찬히 찬찬히 아기 옷을 벗기듯 조심스레 풀었다. 조급한 성격의 나는 손으로 찢거나 가위를 가져와 리본이나 포장지를 잘라 버리는데 말이다. 포장을 푸는 의식을 마친 후 나타나는 선물에 선생은 고개를 숙여 인사했다. 멋진 어른인 그분과 함께하는 동안 나는 우리 인생도 모든 감각을 음미할 시간과 노력이 필요하다는 걸 배웠다.

가슴 벅찬 순간을 얼마나 가졌는가

내게 많은 도움을 주어서이기도 하지만 후배 김영남 교수에게 나는 가끔 선물을 한다. 선물이라고 하기에도 부끄럽지만 내가 입던 옷이나 들던 가방, 또 선물 받았거나 샀는데 안 입은 옷을 나눈다. 그는 보잘것없는 내 선물을 받고 행복한 표정을 짓고 몇 번이고 감사하다는 말을 한다. 그리고 내가 준 옷을 입고 있는 사진을 찍어 보내며 다시 한 번 고마움을 표한다. 김영남 교수를 보며 '선물은 받은 사람이 완성한다'는 말을 떠올린다. 선물의 가치는 그 선물의 가격이나 그걸 고른 사람보다 선물을 받고 진심으로 기뻐하고 감사해하는 사람의 태도에서 결정된다.

나도 나이 들면서 예전에 체면 탓에 혹은 남의 이목을 의식해 묶어 두었던 나의 감동과 감탄사와 경이로움에 대한 예찬을 한껏 풀어 놓기 시작했다.

몇 년 전 약속과 약속 사이에 어중간하게 시간이 남아서 혼자 〈마리아 칼라스: 세기의 디바〉라는 다큐멘터리 영화를 봤다. 탁월한 곡 해석력과 마음의 건반을 두드리는 듯한 목소리로 세계적인 디바로 기억되는 마리아 칼라스. 누구보다 당당하고 도도해서 비난도 받았지만 무대를 내려온 인간 칼라스는 자신이 사랑하는 사람 앞에선 여왕의 왕관을 벗어 버리고 연약한 소녀가 되어 상처를 받고 외로움과 고독에 떨었다. 특히 연인이었던 오나시스가 재클린 케네디와 재혼했을 때 치명적인 상처를 받았단다.

"좋은 일이든 나쁜 일이든 원하는 대로 주소서. 대신에 나쁜 일은 그것을 감당할 힘도 같이 주소서."

마리아 칼라스는 한 인터뷰에서 혼자서 이런 기도를 한다고 밝혔다. 그의 목소리가 너무 아름다워서 고독과 상처를 받아들이며 지어 보이는 미소가 너무 처연해서 나는 울었다. 영화를 보면서 흐르는 눈물 덕분에 마스카라가 번져 눈이 판다처럼 됐지만 나는 60이 넘어서도 노래에, 그리고 누군가의 고독에 공감하며 울 수 있는 내 감성에 은근히 기뻤다. 내 상처가 아닌 순간에 눈물을 흘릴 수 있다니 말이다.

미국의 작가 마야 안젤루는 "인생은 숨을 쉰 횟수가 아니라 숨 막힐 정도로 벅찬 순간을 얼마나 많이 가졌는가로 평가된다"고 했다. 경이로움을 느끼는 마음, 감탄사와 기쁨의 비명은 절대 저축도 보관도 되지 않는다. 그 감정을 아껴 두었다가 다시 꺼내 사용할 수도 없다. 그 순간의 감동은 이미 바람과 함께 사라진다.

숨 막힐 정도의 기막힘이나 압박감이 아닌 진짜 벅찬 감동을 느끼려면 지금부터라도 연습이 필요하다. 마음에 드는 유리컵 하나에, 갓 피어난 새싹에, 폐부까지 스며든 커피 향에 수시로 감탄사를 전해 보자. 심술궂은 팔자 주름을 펴는 데는 돈도 안 드는 감탄사와 감사가 성형수술보다 효과적이다.

Positive

긍정적인

쓸데없는 걱정으로
시간과 에너지를 낭비하지 마라

얼마 전 가족상담전문가와 어린 시절 이야기를 하며 "살면서 힘든 일도 많았지만 언제나 나를 다시 일어서게 한 힘은 엄마가 내게 주신 온전한 사랑 덕분"이라고 말했다. 그분이 형제가 몇이냐기에 6남매의 막내라고 하자 고개를 갸우뚱하며 말했다.

"그럼 어머님께 6분의 1만큼의 사랑을 받았을 텐데요."

난 인생에서 단 한 번도 엄마에게 6분의 1분량의 사랑을 받았다고 생각한 적이 없다. 엄마가 큰오빠를 편애한다는 것은 큰오빠를 바라보는 엄마의 눈빛(자랑스러움과 경외심까지 담은)으로 느꼈지만, 엄마가 내게 준 사랑만으로 충분히 만족했다. 비록 그것이 피자 한 판이 아니라 한 조각 분량일지라도 그 한 조각으로 배부르고 행복했기 때문이다.

큰오빠에게 짜 주었던 스웨터를 나머지 오빠 언니들이 차례대로 입고, 그러다 그걸 풀어서 다시 내 스웨터를 짜 주실 때도(너무 꼬불꼬불해진 털실을 난로에 올려 둔 주전자의 뜨거운 김으로 펴 가면서 짜 주셨다) 새 스웨터를 사 주지 않는다는 불만은 없었다. 엄마가 나를 위해 무늬를 넣어 새롭게 스웨터를 짜 주셨다는 사실이 중요했다.

터널은 아무리 길어도 끝이 있다

물론 지금도 수시로 좌절하고 세상을 원망하고 하나님이나 부처님을 향해 가끔 욕도 한다. 그러나 내가 느끼는 불행감은 친구가 보낸 다정한 문자, 우연히 들어간 카페에서 주문한 맛있는 커피 한 잔에 눈 녹듯이 녹아 버린다. 대책 없이 낙천적인 성격은 천성이기도 하지만 나이 들수록 더 단단해졌다.

나의 낙천적이고 긍정적인 성격은 내가 햇살 아래에서 반짝일 때가 아니라, 어두운 터널을 지날 때나 짙은 안개로 코앞의 사물도 잘 분간이 안 되는 막막함 가운데 더 환히 드러났다.

남편 사업이 쫄딱 망해 친정엄마 집에 얹혀살게 되었을 때도, 그 후 치매에 걸린 엄마가 집을 나가 다음 날 찾았을 때도, 2년 전 내가 천식 쇼크로 10시간 가까이 의식불명이었다 깨어났을 때도 잠시, 혹은 오랜 시간 깊이를 알 수 없는 동굴에 빠진 느낌이 들긴 했다. 그러나 알라딘 램프의 소원을 들어주는 '지니'의 도움 없이 스스로 그 동굴에서 걸어 나왔다. 동굴에 빠진 것이 아니라 끝이 있는 터널이라 생각했기에 가능했던 것 같다.

60대 중반이 되었는데도 여전히 이런저런 일이 많은 것도 고맙다. 남의 보따리를 싸 주는 일이 대부분이지만 나를 믿고 보따리를 맡긴 이들 덕분에 내가 존재한다고 믿는다. 잊힌 사람이 아니라 누군가에게 조금은 필요한 존재라는 것도 감사하다.

'그래도 다행인 건 말이야'라는 태도

"수녀들이 건강하게 사는 비결은 무엇일까"를 밝힌 데이비드 스노든 박사의 《우아한 노년》을 보면 긍정성이 치매예방과 장수에 얼마나 큰 영향을 끼치는지 알 수 있다. 오래 사는 수녀들은 DNA가 다른게 아니라, 처음에 왜 수녀가 되려고 했는지, 수녀가 된 후에는 어떤 활동을 할 것인가란 계획을 밝힌 '서원서'에 건강에 대한 해답이 있었다. 풍부한 단어에 긍정적인 표현으로 서원서를 쓴 수녀들이 90세, 100세에도 양명하게 꼿꼿하게 서서 찬송가를 불렀다. 또 우아한 노년을 누리는 수녀들은 끝없이 공부하고 다양한 활동에 도전하고 항상 하나님의 종으로 일하는 것에 감사했다.

36년간 날 지켜본 딸의 증언에 따르면 내가 하는 말 중에 가장 자주 쓰는 말이 "그래도 다행인 건 말이야"라는 문장이란다. 매우 긍정적이란 증거다. 스노든 박사의 연구가 내게도 적용되기를 간절히 소망한다.

젊었을 때 그다지 긍정적이고 낙천적인 성격이 아니었던 사람도 노인이 되면 자신이나 주변에 대해 긍정적인 해석을 하는 경향이 있다. 비관적인 성격의 사람들도 오랜 경험과 체험을 통해 '이 또한 지나갈 것', '걱정하고 고민한다고 해결될 일은 별로 없다'는 것을 알게 되고 남은 시간의 양이 줄어들수록 그 시간의 질을 풍요롭게 해야겠다는 의식을 갖게 되기 때문이다.

나이와 긍정성을 연구한 결과도 많다. 스탠퍼드대 로라 카스텐슨 교수와 동료들의 노인 연구 결과에 따르면 나이가 들수록 점점이 순간, 긍정적인 것 그리고 정서적인 정보에 집중하는 경향이 있다고 한다. 즉, 자신에게 의미 있는 관계나 긍정적인 면들에 더 초점을 맞춰 살아가고 이런 삶의 태도가 노인들을 전보다 더 행복으로 이끈다는 것이다.

영화 〈쇼생크 탈출〉은 원작이 스티븐 킹의 소설인 만큼 탄탄한 줄거리나 팀 로빈스와 모건 프리먼의 연기가 매우 좋았다. 영화에서 앤디(팀 로빈스 분)가 독방에 갇혔다 나온 후 얼마나 힘들었냐는 동료의 질문에 대한 답이 유독 기억에 남는다.

"독방에서 지낼 만했어요. 모차르트를 듣기 때문이죠. (귀가 아닌) 머리와 가슴으로 듣는 음악은 누구도 빼앗을 수 없어요. 음악은 잊지 않게 해 줘요. 차가운 교도소 말고 다른 세상이 있다는 것을…. 여기야말로 음악이 필요한 곳이에요. 음악은 희망을 갖게 해 주니까."

죄가 없음에도 억울하게 종신형을 받은 그는 수십 년을 날마다 벽을 조금씩 부수고 교도소장의 비리에 협력하면서도 자신의 미래를 낙관했다. 덕분에 노인이 되어서도 탈출을 포기하지 않고 교도소 밖으로 나가 환상적인 푸른 바다에서 여유로운 노후를 누리게 됐다.

실패를 경험한 후에 배우는 진정한 긍정성

오래전 유방암에 대한 의식을 새로 갖게 하자는 취지의 핑크리본 행사를 취재하며 유방암 환자들로 구성된 합창단원들을 만났다. 여성성을 상징하는 가슴을 잃은 분들, 언제 재발할지도 모른다는 불안감도 컸을 텐데 드레스를 입고 노래하는 그분들의 표정은 햇살처럼 밝았다. 한 50대 환자는 "암이 새로운 기쁨을 발견하는 기회가 됐다"고 했다.

"처음엔 왜 내가 유방암에 걸렸을까, 이러다 곧 죽는 것은 아닐까, 하는 원망과 공포가 컸어요. 머리카락이 빠지고 한쪽 유방이 사라지고 손톱도 새카맣게 변하니까요. 그래도 항암과 방사선을 다 견뎌내는 제가 대견하더라고요. 평소 잘 쓰지 않던 모자를 이것저것 골라 써 보는 것도 재미있었어요. 뜻밖에 제가 모자가 잘 어울리는 얼굴이더라고요. 단발 가발도 구입했죠. 저를 위해 기도해 주는 가족과 친구들이 있다는 것도 힘이 되었고요. 암세포가 사라졌다는 판정을 받았을 때 아이처럼 펑펑 울었어요. 암을 또 다른 친구로 여기고 잘 지내다가 무사히 보낸 제 자신이 자랑스러워서요"

나는 1년 전 백내장 수술을 받았다. 그 수술을 받고서 미술평론가이자 사회평론가인 존 버거가 쓴 《백내장》이란 책을 사서 읽었는데 매우 흥미롭다. 이 책의 뒤표지에 "시각적인 것에 관한 우리 시대의 위대한 예언자인 존 버거가 백내장 수술이라는 작은 기적과 관련하여 우리에게 전하는 기록과 명상"이라는 설명이 붙어 있다. 평소 예리한 감각과 명징한 문장으로 유명한 버거는 무사히 백내장 수술을 받은 후 그 과정과 수술 후의 감사함을 솔직담백하게 표현했다.

백내장을 제거하기 위한 외과적 치료는 눈이 잃어버렸던 타고난 능력의 상당 부분을 눈에게 되돌려준다. 하지만 타고난 능력은 은총과 혜택임은 분명하지만 이와 동시에 예외 없이 일정 정도의 노력과 인내를 요구한다. 그리하여 나에게 새로운 시각 능력은 성취에 해당하는 것이기도 하다. 원론적으로 말해 치료를 한 의사와 간호사에게 그 공이 돌아갈 성취다. 하지만 이는 또한 어느 정도 내 몸에게 돌아갈 성취이기도 하다. 고통이 나에게 이를 감지케 했다.

나이 들수록 필요한 것은 이런 긍정과 낙천성이다. 청춘의 대책 없는 낙천성이 아니라 쓴맛과 실패를 경험한 후에야 느끼는 지혜다. 우리는 나이 들면서 머리카락을 비롯해 치아, 시력, 청력 등 절대 잃고 싶지 않은 것들을 잃게 된다. 반면에 도대체 어디에 존재했는지도 모르는 희열, 환희와 나의 능력도 알게 된다.

내 주변 사람 중 긍정과 낙천주의의 대가(?)인 친구 희숙이는 그 특유의 낙천성으로 나까지 덩달아 긍정 렌즈를 끼고 세상을 보게 해 준다. 흰머리가 너무 많아 자주 염색하기 귀찮다는 내게 이런 말을 했다.

"염색이라도 할 머리카락이 많은 게 얼마나 복인데 그러니. 노안이 왔지만 지저분한 것이 안 보여 편하고, 귀가 잘 안 들리니까 누가 내 흉을 봐도 모르고 남편이 뭘 시켜도 모른 척할 수 있어 좋아. 치매 환자는 일단 치매 판정을 받은 후에는 암에 안 걸린다는 기사를 봤어. 치매 환자는 스트레스를 안 받아 그런가 봐. 그러니 치매에 걸려도 괜찮겠다는 생각도 했어."

고통을 무사히 이겨 낸 승자의 여유

볼 때마다 기분이 좋아지는 코카콜라 코리아의 박형재 상무는 만약에 신입사원 시절의 자신을 다시 만나면 무슨 이야기를 해 주겠냐는 물음에 "너 상무까지 올라가. 그러니 걱정 말고 맘 편하게 일해"라고 말하겠다고 했다. 나도 한마디 거들었다. "유인경, 넌 정년퇴직까지 안 잘린단다. 그러니 네가 저지른 실수나 실패에 너무 상처받지 마라"라고.

아이언맨으로 알려진 로버트 다우니 주니어는 지금은 할리우드 톱스타이지만 약물중독 등 많은 아픔을 겪었다. 그는 한 인터뷰에서 과거로 돌아가면 자신에게 해 줄 한마디를 해 보라고 하니 미소 지으며 말했다.

"로체스터 지역에 사는 17세의 로버트, 네 인생은 잘 풀릴 거야. 많은 우여곡절도 있겠지만 언젠가는 잘될 거야. 최고의 순간도 맞이할 거야. 그러니 지금 있는 곳에 감사하렴."

정신건강전문의나 심리학자 등의 연구 결과 인생 만년에 이른 분들이 가장 후회하는 것 중 하나가 "왜 그렇게 쓸데없는 걱정으로 시간과 에너지를 낭비했을까"라고 한다. 충분히 누리고 행복해할 수 있는 시간들을 일어나지도 않을 일만 걱정하느라 우중충하게, 심드렁하게 보낸 것이 후회된단다.

미국의 시인 메리 올리버의 《완벽한 날들》이란 산문집을 읽다가 이런 문장을 만났다.

문제는 삶에서도 글쓰기에 있어서도 '이야기'가 필요하다는 것이다. 그리고 혹독한 날씨는 이야기의 완벽한 원천이다. 폭풍우 때 우리는 무언가 해야만 한다. 어디론가 가야만 하고 거기서 이야기가 시작된다. 그 속에서 우리 마음은 기쁨을 느낀다. 역경, 심지어 비극까지도 우리에게 카타르시스를 제공하고 스승이 된다.

숱한 마음의 상처, 수술로 인한 몸의 상처, 남편의 파산 등도 긍정적인 시각으로 보면 나의 삶을 알록달록하게 엮어 가는 이야기들이고 결국은 나의 자산이 됐다. "내 지난 인생을 글로 쓰면 열 권을 써도 모자라"라고 말씀하시는 어르신들의 얼굴에서 회한과 원망보다는 고통을 무사히 이겨 낸 승자의 여유가 느껴지는 것도 그런 이유다.

늙어 가면서 알게 된다. 문이 닫히면 다른 창문이 열린다는 것을. 닫힌 문에 짜증 내고 답답해할 시간에 열린 창문을 찾는 지혜도 장착된다. 그리고 꼭 활짝 열린 대문 앞에서 보는 세상만이 아니라 살짝 열린 창문으로 보는 바깥 풍경도 뜻밖에 근사하다는 것을 알고 미소 짓게 된다. 사람들이 나를 궁금해하지 않아도 내가 호기심으로 반짝이는 눈으로 보게 될 새로운 세상이 계속 펼쳐진다는 기대감에 나는 늙어 가는 것이 서럽지 않다.

Pleasure
기쁨

어디서나 매 순간
기쁨을 발견하라

30여 년을 다닌 언론사를 퇴사한 후배 신예리는 천상 기자이고 디렉터이며 일 중독자였다. 중앙일보를 빛냈던 칼럼을 쓰고, Jtbc의 대표 프로그램 〈차이나는 클래스〉 등을 기획한 그가 언론사를 떠났을 때 그의 미래보다 일 중독자가 어떻게 해독 과정을 이길 수 있을지가 걱정이었다. 능력이 탁월해 새로운 직장이나 일을 할 수 있을 것인가보다 일하지 않는 시간을 어떻게 견딜지 말이다. 그런데 그건 기우였다.

　퇴직 후 그는 발레를 배우겠다고 선언했다. 평소에도 매일 체조를 해서 몸이 유연하고 날씬하기도 했지만 그래도 50대 중반에 발레라니? 그런데 그는 전부터 발레에 대한 관심이 있어 언젠가 시간이 되면 꼭 발레를 배우고 싶었단다. 성인 대상 발레학원을 찾아보고 발레 전문 서적도 찾고 있다고 했다.

　최근에 만난 그는 놀라울 만큼 날씬해지고 얼굴에 생기가 돌았다. 발레를 하며 새로운 기쁨을 찾고 있단다. 당시 한 출판사와 발레와 인생에 대한 책을 내기로 계약했다고 했는데 얼마 전 《발레를 배우며 생각한 것들》이라는 제목으로 출간됐다. 그가 발레 타이즈와 토슈즈 차림으로 포즈를 취한 사진을 보여 줬는데 정말 발레리나 같았다.

물론 처음 배우는 동작들이 어색할 뿐만 아니라 발끝으로 서기, 다리 찢기 등 기본적인 것을 익히는 데도 육체적인 고통이 따랐고 무엇보다 젊은이들 사이에서 서툰 동작을 하는 자신의 모습이 낯설기도 했단다. 그럼에도 불구하고 발레 동작을 하나하나 배워 가며 몸에서 정신으로 전해지는 고양감에 매일 발레를 하고 싶단다. 또 발레를 배우며 인생이나 발레나 가장 중요한 것은 '버티는 힘'임을 깨달았단다.

숨쉬기가 운동의 전부인 내게는 너무 먼 세상 이야기 같은데 5킬로그램이나 빠진 체중에 행복감에 젖은 표정을 보면 슬쩍 '나도 발레를 해 볼까?' 하는 의욕이 잠시 솟았지만, 발레복을 입은 내 모습은 도저히 나도 민망하고 남들에겐 민폐일 것 같아 포기했다.

시간을 버려도 즐거워 참을 수 없는 일

50세에 일본의 아사히신문 기자로 일하다 퇴사한 이나가키 에미코는 주류 언론사를 단호히 뛰쳐나와 일본에서도 화제가 됐다. 그 후 그는 냉장고와 도시가스도 쓰지 않는 미니멀리스트로 살아가는 이야기를 담은 《퇴사하겠습니다》, 《그리고 생활은 계속된다》 등의 책을 펴내 국내 독자와도 친숙하다. 그런데 60세가 된 그가 홀연 피아니스트로 변신하며 《피아노 치는 할머니가 될래》라는 책으로 소식을 전했다. 책에는 그가 피아노를 배우는 과정, 그리고 소규모이지만 무대에서 연주를 하기까지의 과정을 담았다.

퇴사하기 전까지는 지겹도록 효율이라는 상식에 맞춰 살았다. 남의 평가에 얽매이고 필사적으로 해 내지 못하면 사회의 짐, 루저가 되는 기분이었다. (…중략…) 어른의 피아노는 그저 치는 자체가 즐거운 것. 의무도 없고 '뜻대로 되지 않음'의 온갖 버전을 체험하는 시간 낭비이지만 즐거워서 참을 수 없다. 어릴 때는 피아노 연습이 죽기보다 싫었는데 그 어린이는 어디 가고 연습하고 싶어 미칠 지경인 중년! 고생 끝에 누리는 즐거움을 아는 것은 어린이가 아니라 어른이다. 이 가정이 맞다면 어른은 얼마나 가능성으로 가득 찬 존재인가. 시간은 조금 걸리지만 무엇이건 가능하다. (…중략…) 오늘도 어설프게 하나의 화음을 연주한다. 그 순간 아름다움을 느끼며 스스로 감동한다. 작은 순간에 집중하고 비로소 살아 있는 나 자신과 조우하는 것이 어른의 피아노의 아름다움이다.

아, 뭔가 하고 싶어서 몸과 마음이 근질근질한 감각을 느껴 본 적이 언제인지….

여의도에 있는 '라이프 스타일 스튜디오 켈리'는 이처럼 어른들의 즐거움을 공유하는 곳이다. 이곳의 대표인 이정현 씨는 여행 전문지 기자 출신이자 탁월한 홍보·마케팅 전문가였다. 그는 사업을 접고 플레저 플레이스를 만들었다. 이곳에서는 프랑스 자수, 뜨개질, 캘리그라피, 헝겊 인형 만들기 등의 강좌를 요일마다 열고 있다. 전문가 선생님을 초빙해 마치 고전 영화의 한 장면처럼 차와 바느질과 수다가 이어지는 시간을 누리려고 사람들이 모인다. 남들이 보기엔 효율성도 없고 돈도 되지 않는 '시간 죽이기'로 보일 수도 있지만 몇 년째 이어지고 있다.

나도 이곳에서 인형 만들기 단기 과정을 체험했다. 손자가 태어났을 때 애착 인형을 만들어 주고 싶어서 인형을 직접 손바느질로 만들었다. 아기들이 물고 빨아도 괜찮은 유기농 면 소재로 남자아이 인형을 선택해 얼굴과 몸통, 팔다리 그리고 옷을 직접 손바느질했다. 시장이나 백화점에서 사면 그만인 헝겊 인형일 수 있다. 나중에 "이 할매가 만든 거야"라고 해 봐야 손자가 좋아할 것 같지도 않은 인형을 만들면서 나는 바느질의 미학과 효능(?)을 실감했다.

한 땀 한 땀 1,2밀리미터 간격의 바느질을 할 때는 무념무상, 거의 무아지경이다. 눈과 손만 움직이다 보면 어느덧 얼굴이 만들어지고, 솜을 집어넣어 통통한 팔과 다리를 붙이면서 나도 모르게 미소가 지어진다. 학교 다닐 때 숙제로 손수건에 수를 놓기도 했고 집에서도 바짓단을 줄이기 위해 바느질을 하지만 기쁨을 느낀 적은 없다. 나를 지도했던 최옥순 선생님이 "재주가 있어요"라고 칭찬해 주서서 초등학생처럼 으쓱했다. 결국 인형 만들기는 손자가 아닌 나를 위한 선물이 됐다.

지치고 피곤한 얼굴에 남아 있는 포근한 미소

작고 통통한 나와 체형이나 짧은 머리모양이 비슷해서 애정이 느껴졌던 프랑스의 영화감독이자 극작가인 아녜스 바르다. 누벨바그 시대를 풍미한 그는 〈5시부터 7시까지의 클레오〉를 비롯해 숱한 명작을 만들었다. 그러나 내가 그를 사랑하게 된 계기가 된 작품은 다큐멘터리 〈바르다가 사랑한 얼굴들〉이다.

80대 후반의 바르다는 50살 가까이 나이 차이가 있는 사진작가 제이알과 함께 트럭을 타고 프랑스의 곳곳을 다니며 그곳에 살거나 일하는 사람들의 얼굴을 사진으로 찍어 프린트한 종이를 그 동네 벽이나 공장, 바닷가의 바위 등에 붙인다. 평범한 상점 직원의 얼굴이 5층 건물 전체를 도배하고 농부, 항만 노동자와 그 부인들이 컨테이너로 만든 탑을 감싼다. 무엇보다 이 작품에서 바르다가 제이알과 나이 차이에 상관없이 장난을 치고 미소를 나누고, 동네 벽에 붙은 자신의 얼굴에 행복해하는 주민들과 더불어 포옹하는 과정에서 예술가로서가 아닌 따뜻한 할머니의 무해한 열정과 즐거움이 느껴져 좋았다.

바르다는 이 작품 외에도 자신의 작업 과정, 그가 사랑한 해변 등을 보여 주는 다큐멘터리를 만들었는데 온 화면을 가득 채우는 90을 앞둔 바르다의 지치고 피곤하지만 행복감이 넘치는 얼굴이 내겐 포근한 쿠션처럼 느껴졌다.

해야 할 일이 아니라 하고 싶은 일을 하는 기쁨

즐거움의 향유엔 나이도 없다. 나는 BTS의 숨은 팬이기도 해서 그들과 관련한 기사나 영상을 자주 본다. 그들의 노래, 퍼포먼스, 대외 활동 등을 소개한 유튜브에 댓글도 확인한다. 어느 날 "BTS 의 음악에서 커다란 기쁨과 위안을 받는다. 난 60대인데 혹시라 도 아미(BTS 팬클럽)들이 물 흐린다고 싫어할까 봐 걱정이다"라고 쓴 글이 올라온 걸 발견했다. 그런데 그 글 밑에는 "난 70대예요. 그래서 공연은 못 가지만 하루 종일 음악 듣고 멤버들 사진을 보 면 보약을 먹은 것 같아요. 나이 의식하지 말자고요"란 답글이 달 렸다. 뒤이어 자신을 10대라고 밝힌 아미가 "절대 그런 생각하지 마세요. 아미는 나이 제한이 없어요. 전에 공연장에 갔을 때 옆좌 석의 할머니가 우리에게 간식도 나눠 주셔서 정말 감사했는 걸 요. 우리도 60년대 재즈도 들어요. 계속 BTS를 사랑해 주세요"라 는 댓글을 남겼다.

그 10대가 너무 기특하고 덕질의 즐거움을 발견한 6070들에게도 박수를 보내고 싶었다. 고백하자면 나도 BTS '정국앓이'를 하는 중이다.

지난해 남편의 고등학교 졸업 50주년을 맞아 전국은 물론 해외에 사는 동창생 부부들이 제주에 모였다. 비행기부터 숙식까지 제공해 준다기에 따라나섰다. 70이 가까운 아저씨들의 얼굴은 자기관리나 현재의 환경에 따라 달라 보였다. 자기관리는 마사지나 성형수술이 아니라 즐거움으로 가득 채운 얼굴인가, 불만에 찌든 얼굴인가에 따라 차이가 났다.

유난히 벙긋벙긋 미소 짓는 커플이 있어 누구냐고 물었더니 주변 친구들의 일상에 별 관심이 없는 남편이 그 부부의 비밀(?)을 들려줬다.

"배인환이야. 퇴직 후에 정말 부부가 즐겁고 재미있게 살아. 1년간 경기도의 집을 빌려 화실로 쓰며 그곳에서 그림도 그려. 어느 때는 다른 지역이나 외국에서 '한 달 살기' 한다면서 소식을 전하기도 하고…. 고등학교 때 미술반 반장을 했는데 대학은 다른 과에 진학했거든. 미술 재능을 은퇴 후에야 발휘하는 거지. 아마추어라고 하기엔 그림이 아주 좋아. 좋아하는 일을 하며 살아서인지 정말 행복해 보여."

아주 사소하고 일상적인 기쁨의 흔적

유쾌하고 즐거운 일이 생겨야 기쁨이 느껴지는 것은 아니다. 이 지구상에는 수많은 지식·지성인이 있지만 마사 누스바움은 독보적이다. 세계적으로 저명한 법철학자·정치철학자·윤리학자·고전학자·여성학자이며 히버드대를 거쳐 현재 시카고대 석좌교수이다. 그가 시카고대 법학자인 솔 레브모어와 공저로 펴낸《지혜롭게 나이 든다는 것》에서 자신이 내시경 검사를 받으며 발견한(?) 즐거움에 관해 두 페이지를 할애해 설명했는데, 그 내용이 경이로웠다. 그는 가족력 탓에 내시경 검사를 해마다 한단다.

최근 내시경 검사를 받으러 갔다가 내 맹장을 봤다. 맹장은 분홍색이었고 아주 작아서 잘 보이지도 않았지만 생전 처음 맹장을 직접 본다는 것은 무척 흥미로운 경험이었다. 나는 늘 하던 대로 수면제를 거부하고 내가 날마다 끌고 다니지만 잘 알지도 못하고 칭찬해 주지도 않던 내 몸의 여러 부분을 목격하며 짜릿한 전율을 맛봤다. (…중략…) 수면내시경을 할 경우 자기를 발견하는 놀라운 경험을 하지 못하게 된다. 나는 내 몸 안에만 있다. 내 몸은 내 존재의 전부이며 앞으로도 내 몸을 떠나서 내가 존재하진 않을 것이다. 과학이 기회를 준다고 할 때 내 몸과 친해지지 않을 이유가 무엇인가? 처음 마취를 거부했던 것은 직장 윤리를 생각해서였다. 그러다 내 몸을 들여다보는 즐거움에 매혹당해 버렸다.

70대의 세계 최고의 지성인은 내시경 검사로 자신의 내장을 직접 눈으로 보면서 매혹적인 즐거움을 느꼈다지만, 평범한 나는 보다 더 쉽고 간단하게 기쁨과 즐거움과 친해지려고 한다.

어느 날 갑자기 즐거움이 나를 찾아오는 것은 아니다. 비장하게 "지금부터라도 즐겁게, 기쁘게 살아 보겠다"라고 선언한다고 되는 것도 아니다. 봄바람처럼 가벼운 마음으로 받아들이고 종달새가 지저귀듯 기뻐하면 된다. 의미나 가치, 효율성, 돈으로 대체할 수 없나 등을 따지면 그건 즐거움이 아니다.

나는 과거에 얽매이거나 옛일을 회상하는 성격은 아니다. 그런데 몸과 마음이 지칠 때 피로 회복제의 역할을 해 준 것은 오래전에 내가 느끼고 체험한 행복한 순간의 기억들이다. 아주 사소하고 일상적인 기쁨과 즐거움의 흔적들이다.

어릴 때 엄마가 만들어 주셨던 음식을 맛있게 먹던 순간, 직장 동료들과 창가에 서서 커피 마시며 이야기하다 갑자기 터지던 폭소, 우연히 들어간 빵집에서 세계 최고, 아니 우주 최고의 크루아상을 발견해 절로 나오던 탄성, 속상한 일이 이삿짐처럼 많아 가슴에 품고 집에 오는데 골목길에서 기다리던 여섯 살 딸이 전해 주는 장미 한 송이…. 그 장미 한 송이는 장미농원만큼의 기쁨을 주었다.

내가 느꼈던 그 순간들이 내게는 '즐거움이란 면역력'을 키워 주었고 때로는 고통이나 스트레스의 해독제 역할을 했다. 내 몸의 모든 감각기관이 둔감해져 가지만 기쁨에 대한 예민함을 계속 키우려고 한다.

다시 보고 싶고, 만나서 시간을 나누고 싶은 사람들은 무표정하거나 찡그린 얼굴이 아니라 매 순간을 즐겁게 받아들이며 미소 짓는 이들이다. 쓸쓸한 노후를 피하려면 온몸으로 기쁨을 환영하는 습관을 길러야 한다.

그런데 기쁨은 슬픔과 고통을 다 겪은 후에 정제된 다이아몬드처럼 빛난다. 미국의 시인 골웨이 키넬의 시 '울음'의 마지막 구절은 "기쁨은 마지막 눈물 속에 숨어 있었어. 그래서 그 눈물까지 다 울었어. 하하하"라고 노래한다. 울고 난 뒤에 찾아오는 기쁨의 소리, '하하하'는 얼마나 아름다운지….

해야 할 일이 아니라 하고 싶은 일을 할 수 있는 나이, 주위의 시선에 참았던 눈물을 흘린 후 진정한 기쁨의 소리를 지르는 나이, 그래서 나이 먹는 게 감사하다.

되찾을 수 없는 게 세월이니

시시한 일에 시간을 낭비하지 말고

순간순간을 후회 없이 잘 살아야 한다.

_법정 스님

Premium Period ——————————————————————————————

PART 3

최상의 구간에서
해야 할 일에 대하여

Prize

포상

치열하게 살아온 자신을 위한
선물을 준비하라

나이 든 사람의 얼굴에서 이목구비의 크기나 배치는 그다지 중요하지 않다. 노인들의 오뚝한 콧날, 호수 같은 눈은 관심의 대상이 못 된다. 그의 표정이 그의 삶의 이력서일 뿐이다. 오랜 세월을 통해 자신을 얼마나 사랑했으며 또 얼마나 억울하게 만들었는가가 표정에 고스란히 드러난다.

　성형수술과 피부관리로 팽팽한 얼굴을 자랑해도 피부를 뚫고 드러나는 서글픈 표정은 사랑 결핍이 주요인이다. 자신을 사랑한다는 것은 자신이 필요하고 원하는 것을 알아차리고 전해 주는 것이다. 물론 제정신을 차려야 가능한 일이다.

　한동안 마일리 사이러스의 '플라워스Flowers'란 노래에 중독되어 반복해서 듣고 또 들었다. 전 남편과 헤어지고 복수의 의미로 만들었다는데 제목이 '꽃'이라 의아했지만 "나 혼자서도 날 위해 꽃을 살 수 있다"라고 하며 "당신보다 내가 날 더 사랑해 줄 수 있다"고 하는 가사 내용을 보고 이해했다.

　2023년 그래미상을 받은 이 노래의 뮤직비디오에서 마일리 사이러스는 연인에게 배신당한 비참한 여인이 아니라 너무 관능적이고 당당하고 근사한 모습으로 춤도 추고 에어로빅 같은 운동도 한다. 그리고 놀라운 복근도 자랑한다. 멋지다.

왜 자신을 콩쥐 취급했을까

다른 사람에게 꽃을 받고 연인에게 사랑받는 행복감을 느끼는 것도 좋다. 그러나 나이 들면서 나는 내가 나를 위해 선물을 사고, 스스로 무시하거나 초라하게 여기는 것이 아니라 아끼고 위해 주어야 내가 진짜 꽃처럼 피어난다고 믿는다.

허리가 날씬하고 피부가 빛나는 청춘 시절에는 그 청춘이 최고의 액세서리다. 그러나 건조하고 주름진 얼굴, 흘러내리는 몸의 선, 부스스한 모발로 '난 자연인이다!'를 외치며 나 혼자 정신 승리를 하며 늙어 가는 것은 슬프다. 아니 나에게 미안하다.

나는 궁상을 떤다. 특히 나한테 그렇다. 기자 시절에 자주 해외 출장을 갔는데 남편이나 딸에게는 명품 지갑이나 가방을 선물했다. 가끔 고가의 옷도 사줬다. 그런데 정작 나는 아웃렛을 뒤지고 뒤져 스카프나 스웨터를 사면서도 몇 번이고 집었다 놓았다를 반복했다. 일본 도쿄에 갔을 땐 돌아오는 면세점에서 내가 좋아하는 과자를 몇 개 사 왔는데 그나마도 지인들에게 선물했다. 화장품도 20대들도 안 쓰는 저가 제품이나 선물 받은 샘플을 발랐다. 욕실에서 쓰는 수건도 선물 받은 기념품들로 향우회, 체육대회,

지자체, 칠순 기념 등이 수놓인 것들을 주로 썼다. 하도 오래 써서 수건이 아니라 각질 제거제가 됐다.

최근 내 유튜브에 출연한 정리정돈 전문가인 정희숙 공간미학 대표의 말이 내가 얼마나 자신을 학대(?)하는지를 깨닫게 해 줬다.

"부자들의 집을 많이 가 봤는데 공통점이 있더군요. 옷이나 가구보다 가장 신경 쓰고 고가의 제품을 사용하는 것이 이불이나 베개 등 '침구류'였어요. 매일 오랜 시간 잠을 자고 피부에 닿는 침구류는 브랜드에 상관없이 고급 소재의 제품을 쓰는 것을 확인했답니다."

홈쇼핑의 세일 상품, 쿠팡의 최저가 침구류를 껴안고 자는 내게 많이 미안해지는 순간이었다. 완소녀(완전 소같이 일하는 여자)로 중노동에 가깝게 강의, 방송, 글쓰기 등으로 돈을 벌면서 왜 내가 나를 콩쥐 취급했을까.

그런 나의 머리에 벼락을 내리친 사람을 만났다. 영화배우 장미희 씨다. 실물도 우아하고 아름다운 그는 젊음과 미모를 유지하는 비결(?)을 알려 줬다.

"전 저에게 선물을 잘해 줘요. 출연한 드라마나 영화가 끝나면 '미희야 수고했다' 하면서 반지나 시계 등을 선물하죠."

그의 눈부신 미모보다 현명함에 감탄했다.

누릴 자격이 충분하다

성우 송도순 선생은 요즘 노느라 바쁘다. 평생 매일 라디오 방송, 영화 더빙, 홈쇼핑 진행 등을 하느라 하루를 한 달처럼 살던 송 선생은 7자로 나이 앞자리 숫자가 바뀌기 직전에 "난 이제 신나게 놀 기야"라고 선언했다. 유럽, 인도 등등 해외에서 보내는 시간이 더 많은 것 같다.

"난 성우 생활도 바빴지만 우리 시아버지 병수발하고 똥 기저귀 갈면서 완전히 발효 과정을 거친 것 같아. 발효되었으면 이제 장독에서 꺼내 줘야지."

이런 선배들의 경험담에 반성했다. 왜 나는 나의 수고에 보상을 하지 않았을까. 돈을 들이는 '금융치료'가 아니라 작은 성취에도 "인경아, 고생했다", "인경아, 오늘 잘했어"라고 위로나 칭찬의 말을 해 주지 않았을까. 나는 책을 열두 권이나 썼고, 우리 엄마 똥 기저귀도 몇 년을 갈아 내 내장도 발효되었는데….

환갑이 된 해에 마침 코로나가 확산되기 직전이라 여섯 번이나 나 자신에게 여행을 보내 줬다. 친구나 가족과 함께 떠나기도 했고 혹은 공적인 해외 포럼에도 참가했다. 전에는 파리에서도 맥도날드에 가는 실수를 저질렀지만 이번에는 나름대로 품격 있는 여행을 했다. 프랑스 마르세유 친구 집에 일주일간 머물며 남프랑스 골목골목을 다녀보고, 그 친구가 학교에서 일하는 동안 혼자서 느긋한 시간도 가졌다. 마르세유로 떠나는 기차를 기다리는

역에서 나는 처음 프랑스에 도착했던 24세 아가씨의 설레는 마음으로 돌아갔다.

나는 단순한 여행에 그쳤지만 싱글 워킹맘 박희경 씨는 자신에게 지중해 몰타섬에서 3주 동안 진행되는 어학연수를 선물했다. 아이들도 다 키워 놓고 자신의 일도 있지만 자신에게 시간과 기회를 상으로 주고 싶었단다.

내가 60이 되었는데 누가 뭐 보태 준 거라도 있나. 예순이 되어 보니 비로소 가능해진 것들도 있다. 내가 막 살아도 누가 날 말리겠는가. 치열하게 사는 것은 그만, 나는 재미있게 살 거다!

그는 몰타섬의 카페에서 여유롭게 커피를 마시며 자신의 60세를 자축하고 다시 회상해 보는 글을 썼다. 그런 선물을 자신에게 준 덕분에 돌아와 《60대, 오히려 좋아》라는 책을 펴냈다. 자신에게 준 선물이 박희경 씨를 작가로 만들었다.

대기업에서 은퇴한 선배는 그동안 모은 돈으로 오피스텔을 하나 마련했다.

"갑자기 집에 있으니 나보다 와이프가 더 불편해하더라고. 집에 서재도 있지만 집에 있으면 와이프가 밥도 챙겨 줘야 하고 외출도 하기 힘들어할 것 같아서 사무실 겸 놀이터로 구했지. 아침에 여기 와서 커피도 내려 마시고 책도 읽고 음악도 듣고 낮잠도 자고…. 처음엔 목돈이 들어가는 것 같아 망설였는데 '내가 30년을 돈 벌었는데 이 정도 사무실 얻을 자격이 없나'라는 생각이 들더군. 평생 이렇게 자유롭게 나 혼자만의 공간을 가져 본 적이 없어서 이곳 문을 열 때마다 설레. 얼마나 더 유지할지는 모르지만 멍때리고 빈둥대는 시간을 당분간 더 누리고 싶어."

도전하고 맞서는 기개

주위를 살펴보니 은퇴 후에 방송통신대나 사이버대에 입학해 새로운 공부를 시작했다, 건축 관련 자격증을 따기 위해 학원에 등록했다 등등 공부에 투자하는 사람들이 많다. 새로운 도전이기도 하지만 수고한 자신에게 주는 선물이기도 하다.

캐나다 토론토대 심리학과 교수이자 《12가지 인생의 법칙》의 저자인 조던 B. 피터슨은 "나를 인정하고 칭찬하고 진심 어린 격려를 해야 한다. 당신은 세상에 도움이 되는 존재다. 격려의 말은 시들어 가는 자신을 살린다"라고 했다.

안소니 파비안 감독의 〈미시즈 해리스 파리에 가다〉는 1960년대의 동명 소설을 영화화한 작품이다. 중년의 아주머니가 꿈을 이룬다는 동화 같은 이야기이지만, 그 꿈을 얻는 과정에 노동 계층과 상류층, 명품의 환상 등을 잘 버무렸다. 줄거리는 간단하다.

전쟁터에 나간 남편을 기다리며 청소부로 일하는 해리스 부인은 어느 날 청소하러 갔던 집의 옷장에서 아름다운 디올 드레스를 발견하고 온몸이 떨리는 황홀감에 빠진다. 청소 일 등으로 악착같이 돈을 모아 결국 파리 디올 본사에 찾아간다. 가난하고 나이든 영국 아주머니를 무시하는 디올 임원의 방해에도 불구하고 어렵게 드레스를 구입한다. 그런데 지인에게 빌려준 드레스가 불에타 버리는 등 우여곡절도 이어지지만, 결국 해리스 부인은 완벽한 디올 드레스의 주인이 된다.

그가 그 드레스를 언제, 몇 번이나 입을지는 중요하지 않다. 남편은 전사했지만 해리스 부인은 불쌍한 과부가 아니라 디올 드레스를 자신에게 선물한 자기 인생의 주인공으로 미래를 향하고 있다.

일본 작가 우치다테 마키코의 《곧 죽을 거니까》는 제목은 비장하지만 매우 유쾌한(?) 소설이다. 78세의 여주인공은 직업은 없지만 평범한 할머니는 아니다. 그는 얼굴, 머리 스타일, 옷차림에 신경을 쓴다. 평소에도 머리부터 발끝까지 완벽하게 코디하고 고급 소재의 의상을 구입해 자신에게 선물한다. 거리에서 유명 잡지사의 '이렇게 멋진 사람이 있어요'라는 코너에 취재를 당한 그는 담당 기자에게 자신의 철학을 이렇게 피력한다.

"전 나이를 잊고 살아요"라고 의기양양하게 말하는 사람, 종종 있잖아요? 박장대소할 일이죠. 나이는 본인이 잊는 게 아니라 남들이 잊게 만들어야 하니까요. 노인이 가장 피해야 할 것이 '자연스러움'이에요. 자연에 내맡기고 있으면 나이에 걸맞게 꾀죄죄하고 허술하고 주름과 검버섯으로 뒤덮인 할매 할배가 됩니다. 손주 이야기랑 병 이야기만 하게 되죠. 그것에 맞서 살아가는 것이 노인의 기개겠죠. 사람은 내면이라고 말하는 여자 가운데 멀쩡한 인간은 없어요.

소설의 주인공이긴 하지만 남편이나 자식이 입던 목 늘어진 스웨터나 속옷을 입고 자신을 알뜰하다고 자부하는 여성들에 비해 캐시미어 소재의 코트에 스웨이드 부츠를 골라 스스로 만족하는 이 이기적인 여성이 멋지다고 생각한다.

내 몫의 싱싱한 꽃다발을 준비할 것

오래전 일이지만 내가 아는 사업가가 아동용 가구를 판매했다. 레이스 장식이 유난히 많은 공주풍의 침대, 핑크빛 미니 소파 등 주로 유치원이나 초등학교 여학생용이었다. 그런데 그 가구를 뜻밖에 골드미스 고모나 할머니들이 조카나 손녀가 아니라 자신이 사용하기 위해 구입했단다.

"정말 본인이 쓸 거냐고 물으니 나이 들었다고 돌침대나 안마 의자만 사야 하느냐고 반문하시더군요. 오히려 죽기 전에 자기도 공주 침대에서 동화 같은 꿈을 꾸며 잠들고 싶답니다."

얼마 전 신문 기사를 보니 대형차나 고급 차를 구입하는 이들이 6, 70대의 장년층이란다. "그 나이에 얼마나 탄다고 비싼 차를?"이라고 묻는 이들에게 그들은 "이 나이니까 나한테 귀한 선물을 해 줄 자격이 있고 그런 능력이 있는 내가 자랑스럽다"라고 어깨를 으쓱한다.

60여 년을 살아 보니 가장 억울한 것은 남들에게 사기나 배신을 당하거나 누명을 쓴 것이 아니다. 가족이나 다른 사람들에게는 산타클로스 노릇을 하면서 정작 자신에게는 인색한 스크루지 영감처럼 굴고 멸시한 것이다.

이제는 자신에게 꽃다발, 장신구, 명품 드레스, 여행, 해외연수 등 물건과 시간과 다양한 기회를 선물해야 한다. 나도 더 이상 궁상떨지 않겠다. 억울하고 분해서 내 가슴을 쥐어뜯는 대신에 내 머리를 내 손으로 쓰다듬어 주며 나이 먹어야겠다. 나를 위해 계절마다 싱싱한 꽃도 한 다발씩 사 줄 것이다.

Pass

패스

———

**지나간 것은 지나간 대로
두어야 의미가 있다**

노인 문제 전문가들은 50대 이후에 정리할 것 가운데 세 가지를 먼저 정리하라고 강조한다. 첫째는 짐이 되는 과거, 둘째는 착한 얼굴, 그리고 마지막이 직함이다.

　나는 정리할 게 별로 없어 너무 감사하다. 워낙 잘 잊는 성격이라 짐이 되는 과거도 없고 '착하게 살자'고 다짐하지만 정작 주변에선 나를 착한 사람이라고 여기지 않는 것 같다. 그리고 내세울 만한 화려한 직함도 가진 적이 없었다. 무엇보다 나는 내가 닫았건 바람이 닫았건 닫힌 문은 다시 열려고 하지 않는다.

　그러나 탁구공만 한 무게의 과거도 바위 같은 짐으로 느끼는 이들도 있고 착한 얼굴로 살려고 안면근육 마비를 느낄 만큼 애쓰다 탈진하는 이들도 있다. 또 자신을 드러낼 명함이 사라지면 엄청난 상실감을 느낀다고도 한다.

　작가 루이스 베글리의 동명 소설을 영화화한 1996년작 〈어바웃 슈미트〉를 보고 나는 정년퇴직 후의 내 모습이 절대로, 절대로 슈미트 씨처럼 바람 빠진 풍선이 되지 않도록 하겠다고 다짐했다. 평생 보험회사에서 일했던 슈미트(잭 니콜슨 분)는 젊은 후배에게 자리를 뺏기고 떠나게 된다. 악수를 청하며 "언제든지 찾아와 선배님의 경험을 들려 달라"는 후배의 말에 뿌듯해하던 것도 잠시, 회사 문을 나오다 발견한 것은 그 후배가 쓰레기 처리장에 버린 슈미트의 서류들이다.

어느 날 그는 업무를 인계받은 후임자가 혹시나 어려움을 겪지 않을까 하는 생각에 불쑥 사무실을 찾아간다. 동료나 후배들의 반가운 표정을 기대했지만 다들 심드렁한 표정이고 후임자는 그에게 이런 말을 한다.

"우리가 정말로 당신이 찾아오기를 바란다고 생각했어요?"

그걸 본 잭 니콜슨의 황망한 눈빛과 휘청거리며 걸어가던 뒷모습이 유령처럼 보였다. 나는 유령이 되고 싶지 않아서 옛 직장에 가지 않는다.

그립지만 과거는 과거일 뿐

운전면허가 없는 나는 택시를 자주 이용한다. 요즘은 택시 기사분들 중 60대 이상인 어르신들이 많다. 자기 과거사를 들려주시는 이들도 있다.

"나는 원래 운전기사가 아니었어요. 건설회사에 다니다 퇴직했는데 늦둥이가 아직 취업을 못 해서 생활비라도 벌려고 운전대를 잡고 있죠. 내가 건설회사에서 일할 때가 우리나라 건설업의 전성기였죠. 국내는 물론 해외 공사에도 많이 참여했죠. 일도 많이 하고 돈도 잘 벌었어요. 친구들이 다 부러워했죠. 그때 내가 사준 술 얻어먹으며 알랑대던 자식들이 이제는 공무원 연금도 받고 집도 재건축 들어간다며 으스댄다니까요. 난 퇴직금으로 사업하다가 다 말아먹었는데…. 이젠 친구들 모임도 가기 싫어요."

뒷모습만으로도 그가 얼마나 자신의 전성기를 그리워하는지 느껴졌다. 자신의 아름다운 시절을 추억하는 것은 좋지만 '지금 내가 이런 일을 할 사람이 아닌데…'라는 속내가 읽혀 안타까웠다. 힘들겠지만 지금 하는 운전 일에 조금이라도 자부심을 가지고, 여전히 일할 수 있는 축복을 더 헤아리길 바랐다.

한때 잘나가던 기자가 있다. 기자가 '언론인'이란 대접을 받았을 때 그의 목소리도 글도 힘이 있었다. 대기업 회장도, 장관도, 대학 총장도 그에게 '기자님'이라고 불렀고 김영란법이 없을 때라 명절 때면 선물상자가 대문 앞에 쌓였다. 명예퇴직한 그는 매일 술을 마신단다.

"전에 그렇게 전화를 걸어 기사를 부탁하고 먼저 안부 전화를 걸던 이들이 요즘은 내 전화를 안 받아. 혹시 전화번호를 바꿨나 해서 후배 기자에게 물어보니 얼마 전에 통화했다는 거야. 내 전화만 씹은 거더라고. 이제 내가 기자도 아니고 이용 가치가 없다는 거지. 지난달에는 행사장에서 아무개 교수를 우연히 만났어. 내가 발굴해서 칼럼을 쓰기 시작해 유명해진 교수 말이야. 그런데 내가 먼저 인사를 했는데도 고개만 끄덕이더니 금방 가 버리더군. 나를 완전 투명 인간 취급한 거야. 어떻게 그럴 수 있어?"

나는 그에게 말했다. 그럴 수 있다고. 명함에 따라 직급에 따라 다르게 대우하는 사람도 많으니 졸업하면 교복을 벗듯 기자라는 과거 직업도 벗어 버려야 한다고 했다. 남들은 우리의 과거사나 예전의 영광에 관심도 없으니 말이다.

회사의 구조조정으로 갑자기 퇴직을 당한 한 기업의 임원은 요즘 정신건강의학과에 다니며 상담도 받고 약도 먹는다고 했다.

"너무 억울하고 답답하고 분해요. 내 청춘을 다 바쳐서 임원까지 올라갔는데 아무리 임원이 임시 직원이라지만 퇴사 통보를 하고 이틀 만에 짐을 싸라니요. 28년 다닌 직장에서 짐을 싸는 데 20분밖에 안 걸렸어요. 국민연금도 수령 나이가 높아져서 10년 후에나 받을 수 있더군요. 제일 야속한 건 아내예요. 아침밥을 차려 달라면 나보고 간헐적 단식을 해서 뱃살을 빼라고 하지 않나, 100세 시대라는데 앞으로 어떻게 살 거냐, 하고 구박합니다. 여기저기 일자리를 알아보는데 이건 뭐 다 형편없는 직장에 명함도 만들기 싫은 직급이더군요. 당장 생계 걱정은 없다지만 지금부터 등산복 입고 매일 등산을 할 수도 없고 뭔가 새로운 일을 배우거나 자격증을 딴다고 해도 그게 적성에 맞을지도 모르고…."

항상 새로운 꿈을 꿔라

'왕년에', '과거에', '나도 한때는'에 매몰되어 있는 이들을 만날 때마다 1950년에 만들어진 영화 〈선셋 대로〉가 떠오른다. 어린 시절 TV 〈주말의 명화〉 시간에 본 이 영화는 수십 년이 흐른 지금도 기억에 생생하다.

흑백 무성영화 시절의 톱스타였지만 유성영화로 바뀌면서 잊힌 여배우 노마 데스몬드(글로리아 스완슨 분)는 선셋 대로란 이름의 동네의 대저택에서 재기를 노리며 살고 있다. 집 안 곳곳을 전성기 시절의 자기 사진 액자로 도배하고 성형수술로 끌어올린 얼굴에 짙은 화장을 한 채 과거의 화려한 추억에만 사로잡혀 여전히 영화의 여주인공처럼 지낸다. 한때 그의 남편이었지만 현재 집사 역할을 하는 맥스는 노마의 환상을 지켜 준다.

무명 시나리오 작가 조셉 길리스(윌리엄 홀든 분)가 사고로 이 집에 들어오면서 그와 기묘한 관계가 지속된다. 결국 자신을 떠나겠다는 조셉을 총으로 쏴 죽여 살인자가 된 노마는 이 대단한 스캔들 사건을 취재하러 온 기자들이 마치 자신의 재기를 취재하러 온 거로 착각하고 우아한, 그래서 더욱 그로테스크한 포즈를 취한다. 전 남편 맥스는 그에게 진짜 영화 촬영인 듯 '컷'을 외친다.

영화의 끝부분에 카메라가 노마의 얼굴을 클로즈업했을 때 희번덕거리는 눈빛과 과장되게 그린 입술 등이 무섭다기보다 너무 가슴 아팠다. 과거의 영광은 그에게 저주이자 감옥이었다.

과거에 앉았던 의자가 높을수록, 머리에 썼던 왕관 무게가 무거울수록 의자에서 내려오거나 왕관을 벗고 나면, 아니 벗겨지고 나면 허허롭고 쓸쓸하고 막막하단다. 그 의자에서 내려와 가벼운 몸과 마음으로 정말 자기 자신에게 맞는 편안한 의자나 가볍지만 따뜻한 모자를 찾는 것이 나와 남들을 위해 필요하다. 《군주론》의 저자 마키아벨리도 "지나간 영광은 잊고 항상 새로운 꿈을 꿔라"라고 했다. 과거의 그림자를 붙잡고 씨름하는 게 가장 어리석다고도 했다. 어제의 화려함을 잊지 못하면 오늘은 더욱 나약해지고 미래는 더 초라해지지 않을까.

한 선배는 퇴직 후 독서실을 운영하고 있다. 모 회사 동경지점장으로 일했던 그는 차분한 성격에 책을 좋아해서 선택한 일이 벌써 2년이 지났다. 치열한 경쟁도 싫고 하루 종일 집에서 아내와 마주 보는 것도 피곤했단다.

"하루는 한 학생이 일본어책을 보기에 지나가다 '내가 일어 좀 하는데 모르는 거 있으면 물어봐'라고 했더니 어이없다는 눈빛으로 보더라. 독서실 아저씨가 왜 아는 척하냐는 거겠지. 동경지점장 시절에 일본인으로 오해받을 만큼 일어를 잘했다고 알려 주려다가 갑자기 그런 상황이 웃기는 거야. 남들 눈에는 쭈글쭈글해 보일지 모르지만 모처럼 찾은 조용한 생활도 좋아. 책도 많이 읽고 있어."

퀴즈 문제이건 혹은 곤란한 질문을 받았을 때 잘 모르거나 답하고 싶지 않으면 패스Pass라는 말을 한다. 건너뛰기, 혹은 버려 버린다는 뜻이다. 중년기에는 우리도 이런 패스권을 쓸 필요가 있다.

맺힘을 풀고 짐을 내려놓음

광고회사에서 실력을 발휘하던 여성이 있다. 승진도 빨랐고 상도 많이 받았고 수시로 뉴욕과 파리 등 해외 출장을 다니고 사교적인 성격이라 우주의 모든 햇살이 그에게 쏟아지는 느낌이었다. 그런 그가 50이 되던 해에 시골로 떠났다. 남편과 이혼하고 아이는 유학을 떠나 주변이 단출해지자 아무 연고도 없는 시골에서 텃밭을 가꾸고 산다.

그가 서울에 왔다며 만나자고 했다. 자신이 키운 식물을 말려 만든 유기농 차를 내게 선물했다. 지독히 도시형 인간이 산골에서 어찌 지내느냐는 물음에 이렇게 답했다.

"50이 되고 나니 살아서 '환생'을 해 보고 싶다는 생각이 들더군요. 지금까지 살아온 것은 다 무효라고 선언하고 전에 간직했던 명함을 비롯해 각종 자료 등을 다 버렸죠. 옷도 거의 다 나누거나 버렸어요. 남들이 보기엔 화려한 생활이었지만 언젠가부터 '지긋지긋해', '못 해 먹겠다', '짜증 나'라는 말을 중얼거리고 있더라고요. 그래서 환경을 한번 바꾸고 싶었어요."

그는 시골 생활에서 자기 안의 '맺힘'을 풀어 가는 중이라고 했다. 인간관계의 응어리, 채워지지 않은 욕심, 하고 싶은 말을 못해 시루떡처럼 켜켜이 쌓이는 말들을 다 토해 내고 싶었단다. 시골에서 아무 기대도 안 했는데 자라나는 채소들, 물만 줘도 피어나는 꽃들을 보며 자신이 이 세상에 왜 그 많은 기대와 원망을 하며 스스로를 괴롭혔는지 반성도 했다고 고백했다. 꼬이고 엉킨 실타래를 풀듯 하나씩 하나씩 맺힘을 풀어 가면서 가볍고 감사한 마음으로 인생 후반전을 살고 싶단다.

'내 팔자 내가 꼰다'라는 말이 있기도 하지만 맺힘 역시 대부분은 내가 만든 것이 맞다. 급히 먹다가 체한 것도, 누군가에게 잘 보이려고 안간힘을 쓰다가 그 사람이 알아주지 않으면 앙심을 품는 것도 내가 한 짓이다. 그 맺힘을 풀지 않고 나이가 들면 몸과 마음의 병이 된다.

지난해 환갑이 된 사업가는 환갑을 맞은 가족 모임에서 '해방 선언'을 했단다.

"나는 둘째 아들인데 큰형이 몸도 약하고 공부에 관심이 없어 부모님께 아픈 손가락이었어요. 항상 부모님이 '똑똑하고 건강한 네가 형과 누이들을 돌봐야 한다'고 강조하셨죠. 심지어 어머님의 유언도 '형제들을 잘 부탁한다'였다니까요. 그래서 돈 벌어 형님 집부터 사 주고 동생들도 다 집을 사 준 후에야 내 집을 마련했어요. 어릴 땐 내가 건강, 능력을 독차지했다고 생각했는데 알고 보니 가장 무거운 짐을 진 거였어요. 부모님이 원망스럽고 형제들도 징글징글하게 느껴지더라고요. 그래서 지난해 '이제는 더 이상의 경제적 지원은 없다'고 했죠. 그런데 형제들이 '우리야 네가 챙겨 주니까 그냥 받은 거야'라고 하더군요. 세상에….."

　과거의 명성이나 영광에서 벗어나지 못하는 것은 노후를 비참하게 만든다. 또 시간이 걸리더라도 스스로 꼰 매듭을 푸는 것이 내가 나한테 해 주는 자연 치유법이 아닐까. 과거도, 매듭도 강물에 흘러가게 해야 한다. 그래야 우리의 노후도 평화롭게 흘러간다. 과거의 그림자에 갇혀 오늘의 행복을 포기하지 말기를….

Power

힘

**긴 인생 지치지 않고
꾸준히 나아갈 힘을 길러라**

나영석 PD는 "예전엔 '대단한' 사람들이 대단하다고 느껴졌는데 이제는 어떤 일을 지치지 않고 꾸준히 하는 사람이 대단하게 느껴진다"고 했다. 나 역시 60여 년을 살아 보니 밤하늘에 팡팡 터지다 사라지는 불꽃축제의 불꽃보다 어스름 어둠이 내리면 비가 오나 눈이 오나 항상 은은한 빛을 발하는 가로등 불빛이 소중하고 대견하다. 그래서 내 단어 사전에는 '파워풀하다'는 말의 의미가 강한 권력이나 무조건 밀어붙이는 힘이 아니라, 자신의 잠재된 에너지를 어떤 상황에서도 꾸준히 이끌어 내는 능력으로 바뀌어 등재됐다. 직장이나 사회에서도 자신을 사랑하며 단단하게, 성실하게 일하는 이들이 결국 나중에 진가를 드러냈다.

호기심, 설렘, 감사하는 마음이 주는 에너지

　여성 기업가 김은미 대표를 주변에선 '에너자이저', '손오공'으로 부른다. 그가 등장하면 어두운 방에 전등이 켜진 듯 빛이 난다. 소녀처럼 반짝이는 눈빛, 화려한 패션, 무엇보다 세계 곳곳을 다니며 전해오는 새로운 행보는 도저히 한 사람이 할 용량의 일이 아니란 생각에 분명히 손오공처럼 털을 뽑아 분신을 만들었다는 합리적 의심이 든다.

그는 'CEO Suite'란 공유 오피스의 대표다. 기업이나 개인 고객에서 비즈니스를 위한 사무공간과 컨설팅, 행정서비스를 제공하는 기업이다. 1997년 인도네시아 자카르타 1호점을 설립, 현재 아시아 11개국에 지사가 있다. 글로벌 기업가로 바쁜 데도 요리책을 펴내 판매 수익금을 김하종 신부가 운영하는 '안나의 집'에 기부하고 강의도 다닌다. 그는 주로 인도네시아에서 사는데도 한국의 명소를 꿰고 있다. 자신이 읽은 책을 단체 카톡방에 올리는데 시집부터 철학책까지 다채롭다. 작년에는 아르헨티나에서 '한달 살기'를 하며 탱고 레슨을 받고 왔단다.

처음에 김은미 대표를 봤을 때 조물주가 패키지로 축복 상자를 준 줄 알았다. 미모(키도 크다), 재능, 성품 등등…. 그런데 알고 보니 그는 너무 일만 하다 갑상샘암에 걸리기도 했고, 해외의 가장 상징적인 장소(주로 특급호텔)에 연 사무실이 호주 산불, 마닐라 화산 폭발, 코로나, 홍콩 사태 등으로 숱한 위기와 시련을 겪었다. 손바닥 뒤집듯 계약을 파기한 인간들에 대한 배신의 역사도 수두룩하다.

"제힘으로 어찌할 수 없는 일은 그냥 받아들이고 그 상황에서 나와 직원들이 할 수 있는 최선의 방법을 찾아요. 때로는 위기가 선물이 되기도 하고 어떤 상황에서도 살아남을 힘을 주니까요."

몸이 아팠을 때 아르헨티나에서 우연히 탱고의 매력에 빠진 그는 2년 전 60세 생일에도 탱고 파티를 열었다. 몸이나 마음이 아프면 이제는 병원에 가기보다 탱고를 춘다. 그러면 사그라들던 내면의 힘이 솟아나 다시 그를 일으킨단다. 100인분의 배터리가 충전된 듯 보이는 김은미 대표는 호기심·설렘·감사하는 마음이 에너지원이란다.

박제된 전설보다 오늘의 주인공으로

프로듀서 박진영 씨는 '골든걸스'란 이름의 5세대 걸그룹을 야심 차게 데뷔시켰다. 그 걸(?)그룹의 평균 연령은 59.5세, 가수 경력을 합치면 160년! 인순이, 박미경, 신효범, 이은미까지 전설의 디바들을 모아 요즘 아이돌 걸그룹들의 노래와 춤을 익히게 하더니 드디어 데뷔곡 '원 라스트 타임'을 발표했다. 연말 연예 대상 신인상(공로상이 아님)을 수상한 데 이어 뉴진스 등 진짜 아이돌과 함께 일본 무대에도 진출해 마이니치신문 1면을 장식했다.

각자의 노래 장르도 다르고 후배들에게 선배님이 아니라 '선생님'으로 불리는 55~66세의 여가수들은 투덜거리고 혹독한 훈련에 비명을 지르면서도 굳은 몸을 풀고 서로 하모니를 맞춰 대중들에게 감동을 줬다. 나이나 몸, 수십 년을 고수한 노래 스타일을 벗어나 폭발적인 가창력과 파워 있는 무대를 선보여 MZ세대들도 "이분들이 진짜 가수다", "연륜이 빚어낸 신선함이 감동적"이란 댓글을 올렸다.

〈골든걸스〉의 양혁 KBS PD는 "무엇보다 이들의 노력과 열정, 엄청난 연습량에 놀랐다"고 전했다. 이들의 파워는 그들을 명예의 전당에 박제된 전설이 아니라 바로 오늘의 주인공으로 만들었다. 무엇보다 네 명의 디바들이 언제나 자신이 가수임을 잊지 않고 또박또박 걸어왔기 때문이리라.

1934년생인 정신건강의학 전문의 이시형 박사는 외모(특히 얼굴 피부)도 행동도 도저히 90세 노인으로 보이지 않는다. 그는 46세에 퇴행성관절염과 허리디스크로 외출도 어려울 때 집에서 평소 생각을 적어 출간한 책 《배짱으로 삽시다》가 베스트셀러가 되며 하루아침에 유명 인사가 됐다. 그 후 40여 년 동안 110권이 넘는 책을 썼다. 10년 전 이 박사가 만든 '세로토닌연구소'에서 팔순인 그를 인터뷰하며 '나이를 의식하느냐'는 질문을 던졌을 때 그는 이렇게 답했다.

"전 죽을 때까지 꽃중년입니다. 중년이라는 것은 섹시하다는 뜻입니다. 남자건 여자건 서로 짜릿한 자극을 느끼는 섹시함을 상실하면 노인이 됩니다. 섹시함은 관능보다 몸과 마음의 건강에서 나옵니다."

10년이 지난 2023년에 이 박사를 다시 만났다. 그는 경이롭게도 여전히 꽃중년의 섹시함을 유지하고 있다. 외모도 그렇지만 유튜브 촬영을 위해 내가 보낸 질문지를 읽고 "질문들이 너무 좋아 빨리 인터뷰하고 싶었다"고 하셨을 때 진정한 신사의 섹시함이 느껴졌다.

당시 《이시형의 신인류가 몰려온다: 일생 최후의 10년을 최고의 시간으로 만드는》라는 신작을 낸 그는 "노년에서 가장 중요한 키워드는 액티비티Activity"라면서 "내 나이는 내가 결정한다"고 단언했다. 5년마다 새로운 주제로 연구하는 요즘 이 박사의 화두는 '면역'이고, 현재 그가 운영하는 한국자연의학종합연구원에서 후배들과 열정적으로 연구 중이다.

나이는 아름다운 축복

시간은 놀라운 힘이 있다. 어떤 사람에게 시간이 자신을 쇠락시키는 재앙이지만 어떤 이에게는 겉에 덮인 불순물을 제거하고 원석의 빛과 아름다움을 보여 주는 마법이 되기도 한다. 94세의 현역 감독이자 배우인 클린트 이스트우드에게 나이는 축복이다.

1950년에 데뷔한 그는 서부영화의 '건맨'으로 인식됐다. 숱한 좌절을 겪은 후 주변의 만류에도 불구하고 말파소Malpaso, 스페인어로 '험한 길'이란 뜻의 영화사를 차려 이름만큼 험한 길을 걸으며 영화제작과 감독을 겸업했다.

2005년 그가 감독과 주연을 맡은 영화 〈밀리언 달러 베이비〉로 오스카 감독상을 받았을 때의 수상 소감을 기억한다. 74세의 아들 클린트는 객석에 앉아 있는 96세의 어머니에게 "제가 〈용서받지 못한 자〉로 수상할 때 어머니는 여든네 살밖에 되지 않았습니다. 어머니의 유전자에 감사드립니다. 나는 아직 어린애에 불과하다고 생각합니다. 아직도 해야 할 게 많이 남아 있습니다"라고 했다. 그의 말처럼 그는 20년이 흐른 지금도 새로운 영화를 만들고 있다. 그의 아버지는 그에게 "사람은 나이 들면 나아지거나 부패하거나 둘 중의 하나밖에 없다"고 말했단다. 그가 만년에 만든 영화는 대부분 사람이 어떻게 잘 늙어 갈 것인지에 대한 성찰로 가득하다.

〈오마이뉴스〉 이상구 기자가 클린트 이스트우드의 〈라스트미션〉(원제는 〈더 뮬The Mule〉, 뮬은 '노새'라는 사전적 의미가 있지만 '마약 운반원'을 일컫는 용어)에 대해 "그는 나이를 피하기는커녕 버섯밭으로 마중 나가 사냥하듯 먼저 찾아가서 먹는다. 먹어도 아주 맛있게 먹는다. 나이의 숨은 맛과 영양 따위를 너무나 잘 알고 있기 때문이다. 관록·경륜·원숙·노련 따위가 골고루 들어 있다"라고 쓴 칼럼을 읽고 '맞아 맞아' 하고 혼잣말하며 고개를 주억거렸다.

《클린트 이스트우드: 목표 없는 청년에서 세계적인 거장으로》라는 클린트 이스트우드의 전기를 쓴 작가이자 영화학자인 마크 엘리엇은 매우 두꺼운 그 책을 이런 문장으로 마무리했다.

"그는 제임스 딘이 사망한 해(1955년)에 데뷔했다. 그 이후로 숱한 영화들과 무비 스타들이 등장했다 사라졌다. 그러나 클린트 이스트우드는 여전히 튼튼하게 일을 해 나가며 그 게임을 할 의지도 강하고 그런 능력도 있다. 그는 아름답고 어둡고 깊은 숲에 도달하려고 서둘지 않는다. 충분한 시간이 흐르고 나면 그는 그 숲에 당도할 것이다. 하지만 당분간은 아니다."

이 책은 2009년에 출간됐는데 작가 엘리엇의 예언은 아직 유효하다.

매력적인 것이 더 오래간다

1921년생인 패션 아이콘이자 최고령 패션모델로 활약하던 아이리스 아펠은 2024년 3월 1일 하늘로 떠났다. 그는 3년 전 100세 생일 기념 안경 컬래버레이션 출시 파티에서는 인사말로 "나는 세상에서 가장 오래 살고 있는 틴에이저"라며 함박웃음을 지었다. 내가 그를 처음 발견한(?) 것은 해외 패션지에서다. 무척이나 우스꽝스러운 포즈의 할머니의 기발한 패션 감각에도 놀랐지만 90대란 나이에 더 놀랐다. 그리고 그의 패션 인생을 담은 다큐멘터리 영화를 보면서 금방 사랑에 빠졌다.

미술사를 전공한 그는 결혼 후 남편과 함께 인테리어 디자이너로 일했다. 고전적인 직물을 재현해 내는 데 탁월한 감각을 인정

받아 백악관 일을 도맡았다. 인테리어의 아이디어나 독특한 소재를 얻기 위해 전 세계를 여행하면서 그는 자신만의 패션 세계를 정립했다. 그가 세계여행에서 구입한 것은 보석이나 엔틱가구가 아니라 벼룩시장이나 장터에서 파는 타조 깃털, 나무로 만든 목걸이, 독특한 직조의 옷감 등이다.

모임이나 행사에 갈 때마다 그는 얼굴을 거의 가리는 커다란 뿔테 안경에 평소 수집한 각종 액세서리를 휘감고 등장해 주목받았다. 2005년 뉴욕 메트로폴리탄에서 기획한 패션 행사가 불발되자 패션 관계자들이 "아이리스 아펠의 독특한 개성이 담긴 옷과 장신구 전시회를 열자"고 제안해 대타로 나섰다가 패션계의 스타가 됐다. 대형 백화점의 모델이 됐고 97세에 세계 최대 모델 에이전시인 IMG와 계약을 맺은 후 맹활약을 했다.

그런데 이 100세 모델은 시니어 대상이 아니라 H&M 등 젊은 브랜드에서 남들과 다르게 보이고 싶지만 큰돈을 쓰기는 어려운 사람을 위한 패션과 연출법을 제안했다.

"나는 예쁘지 않다. 그래서 매력적으로 보이기 위해 노력했다. 예쁜 것보다 매력적인 것이 더 오래간다. 그리고 멋있어지려면 대가를 지불해야 한다."

아이리스 아펠은 프로 에이징Pro Aging 시대의 선구자로 불린다. 억지로 노화를 막으려는 안티 에이징Anti Aging, 천천히 나이 먹겠다는 슬로우 에이징Slow Aging, 그럭저럭 잘 늙어 가는 웰 에이징Well Aging에 이어 자연스럽게 당당하게 나이 듦을 과시하고 그 비법까지도 나눠 주는 이들이 '프로 에이징'의 주인공이다.

사업을 하는 내 이모부도 94세지만 은퇴를 사절하는 분이다. 아들이 경영을 담당하고 있지만 창업자인 이모부는 사업장에 나와 일이 어떻게 돌아가는지 살피고 통장을 관리하고 여전히 카랑카랑한 목소리로 60대 후반의 아들에게 호통을 치신다. 해방과 한국전쟁은 물론 최근의 코로나까지 한국의 근현대사를 체험한 그분의 장수비결은 성실한 열정과 자신이 가장이란 책임 의식이다. 이모부의 곁을 지키는 사촌오빠는 "아버지가 100세는 너끈히 사실 것 같다"면서 득도한(?) 듯한 표정을 지었다.

요즘 MZ세대들이 격언처럼 여기는 말이 '중꺾마(중요한 것은 꺾이지 않는 마음)'란다. 노년에도 100년을 지탱하는 강렬한 힘은 자신의 힘을 믿고 꼿꼿하게 나아가는 발걸음에서 나온다. 그 힘은 보약이나 알부민 주사보다 더 강렬한 효능을 발휘한다. 물론 너무 열정이 식지 않는 어르신들 덕분에 상대적인 추위를 느끼는 젊은이들이 있긴 하지만….

Peak
절정

지금이 전성기임을 확신하라

대한민국 현역 최고령 여배우 김영옥 선생은 1937년생이다. 여배우의 나이를 밝히는 것이 실례인 줄 알지만, 87세인 이분의 아이돌 못지않은 최근 스케줄과 다양한 활동이 실로 대단한 터라 믿기지 않는 나이를 다시 한번 확인할 수밖에 없다. 드라마, 영화, 연극, 다큐멘터리 프로의 내레이션은 물론 CF 모델로도 맹활약 중이다. 언젠가 김 선생에게 80대에 전성기를 누리는 비결을 물었더니 그분다운 답을 하셨다.

"내가 젊을 때 늘 상궁이나 무수리 역할을 해서 그래. 그 당시에 왕비나 공주 역을 맡았던 이들은 다 사라졌어."

왕비 역할을 맡은 새파랗게 어린 후배에게 "네, 마마"라고 조아리던 그분의 고개가 80대 중반에 꼿꼿하고 당당하게 펴졌다.

빨리 피는 꽃은 빨리 시들고 뒤늦게 핀 꽃이 썰렁한 추위에도 아름다움을 자랑한다. 100세 시대가 되면서 노년을 다룬 드라마와 영화에서 선생은 이제 당당한 주역을 맡고 있다. 오래 살고 볼 일이란 말이 절로 나온다.

당신의 전성기가 끝났다는 말을 믿지 마라

크리스마스 캐럴이 거리에 울려 퍼지던 시절은 끝났지만, 최근 10여 년간은 12월에는 머라이어 캐리의 '올 아이 원 포 크리스마스 이즈 유All I want for Christmas is You'가 빌보드는 물론 지구촌 1위였다. 그런데 2023년에는 브렌다 리의 '로킨 어라운드 더 크리스마스트리Rockin around the Christmas tree'가 1위를 차지했다. 놀라운 것은 이 노래가 79세의 브렌다 리가 1958년에 발표한 곡이란 것이다. 덕분에 브렌다 리는 빌보드 1위에 오른 최고령 가수로 등극했다.

이는 갑자기 닥친 행운은 아니다. 지난해 데뷔 60주년을 맞은 브렌다는 이 캐럴의 뮤직비디오도 새로 촬영하는 등 엄청난 노력을 기울였다. 음반이 아니라 음원을 통해 노래를 고르는 MZ세대들이 이 할머니의 캐럴에 반해 버렸단다.

미국에 브렌다 리 할머니가 있다면 대한민국에는 칠곡 할머니들이 있다. 프로 가수가 아닌 그들은 랩을 부른다.

"나 어릴 적 친구들은 학교에 다녔지. 나 담 밑에 쭈그리고 앉아 울고 있었지. 설거지해. 애보기해. 이것이 내 할 일. 환장하지, 환장하지…."

"고추 따던 할매들. 땅콩 캐던 할매들. 우리도 랩을 해. 계속해서 뱉을래. 소 밥 주다 개 밥 줘. 개 밥 주다 소 밥 줘. 그래도 난 연습해. 랩을 매일 연습해…."

큰언니인 박점순 할머니의 이름 끝 자를 따서 '수니와 칠공주'로 이름 붙인 이 래퍼들은 2023년 마을 경로당에서 창단식을 가졌다. 평균 연령 87세란다.

몇 년 전 경상북도 칠곡에 강의하러 갔을 때 담당 공무원이 내게 시집을 한 권 선물로 줬다. 일제 강점기에 태어나고 한국전쟁을 겪는 등 어려운 시절에 학교는커녕 한글도 제대로 못 배운 할머니들이 칠곡군의 '성인문해교육' 과정을 마친 후 수업 시간에 쓴 시를 모아 만든 시집이었다. 맞춤법은 틀렸지만 한글을 깨우친 후 새로 만난 세상, 그리고 80년의 자기 삶을 반추하며 쓴 시는 감동적이었다. 그분들은 자신을 칠곡 할머니가 아니라 칠곡 가시나(아가씨)라고 부른다.

나는 이 시집이 그저 기념 시집으로 끝날 거로 생각했다. 그런데 그사이에 네 권의 시집이 나왔다. 그뿐인가. 이 할머니들은 대통령의 글꼴로 알려진 '칠곡할매글꼴'의 제작자이기도 하다. 한글을 배운 다섯 명의 할머니가 수없이 연습한 끝에 제작한 인터넷 글씨체다.

그리고 작년에 드디어 래퍼로도 변신했다. 힙합 음악 전문가인 래퍼 탐쓴과 성인문해 강사로 할머니들에게 한글을 가르쳤던 황인정 씨가 할머니들이 작성한 가사를 소리가 비슷한 글자를 규칙적으로 넣는 라임이 있는 랩 형태로 다듬어 주었다. 일주일에 한 번 정도 10개월 동안 연습해 자기 삶과 일상, 마을을 소개하는 랩

네 곡을 완성해 무대에 올랐다. 그 후 '수니와 칠공주'는 TV 등 매스컴에 등장하고 유치원이나 마을 행사에도 참여하며 세대 간 소통에도 앞장서고 있다.

"지역축제에 가서 1등 하니 아들 며느리 손주들이 꽃다발 들고 와서 축하해 주는데, 내 평생 최고로 감사한 날이었어. 평생 까막눈으로 매일 일만 하며 살았는데… 이제는 말할 수 있어. 인생아, 고맙다."

할머니들의 인터뷰를 보면서 세상과 세월을 원망하지 않고, 지자체이건 주변 사람이건 기회를 주면 받아들여 한글도 배우고, 이제 다른 이들에게 희망과 기쁨을 주는 래퍼 그룹이 된 이 할머니들에게 존경과 박수를 보낸다.

2023년 아카데미시상식에서 중국계 말레이시아인 배우인 양자경이 아시아계 배우 최초로 여우주연상을 받았다. 트로피를 움켜쥔 62세의 양자경은 "여성들이여! 당신의 전성기가 지났다는 말은 믿지 마세요"라고 수상 소감을 밝혔다. 그는 수상에 이어 16년 동안 연인이었던 레이싱팀 감독 장 토드와 재혼했고, 2024년 1월에는 재혼한 남편의 며느리가 아기를 낳아 할머니가 되었다. 양자경은 "행복하고 기적 같은 순간은 나이와 상관없다"고 SNS를 통해 밝혔다. 자신이 전성기임을 확신하는 60대의 할머니는 얼마나 아름다운지.

한 발 한 발 꾸준히 전진해 왔기에

2024년 봄에 우리나라에서 전시회를 한 영국의 화가 로즈 와일리. 알록달록한 색깔, 막 장난을 치는 것 같은 사람들이 뒤죽박죽 섞여 있는 그림을 그리는 그의 나이는 90세다. 소녀 같은 단발머리에 미니스커트 차림인 그에게 나이란 그저 무한한 가능성일 뿐이다.

그는 미대를 다녔지만 결혼과 함께 화가의 꿈을 접고 있다가 47세에 이르러 미술로 학위를 받았다. 아이들이 크고 나서는 매일매일 그림을 그렸다. 지금도 일상과 평범한 기억들을 소재 삼아 누구도 그리지 않은 자신만의 이야기와 삶을 자기의 스타일로 그린다. 고령에 대형 작품만 그리는 것도 대단하다.

그는 70대 후반에 화단의 주목을 받기 시작했고 80대에 세계적인 화가로 인정받았다. 아이를 키우느라 경력 단절과 길고 긴 무명 시절을 보낸 그의 말은 다른 이들에게도 위로가 될 것 같다.

"집요하게 버티다 보면 진력이 날 수도 있어요. 하지만 중단했던 경험이 있으면 그렇지 않아도 되죠. 하나를 했다면 다른 것으로 다시 시작하면 됩니다."

윤여정 선생도 분야는 다르지만 로즈 와일리와 비슷한 여정을 걸어왔다. 스무 살에 데뷔해 독특한 개성의 배우로 인정받았지만 그는 결혼과 함께 미국으로 가서 내조와 양육으로 경력이 단절됐다. 귀국 후 이혼했고 미국에서 유학 중인 두 아들의 학비를 대느라 어떤 작고 시시한 역이라도 맡았다. 그는 "여배우는 간절하게 돈이 필요할 때 가장 연기가 잘 된다"고 말하기도 했다.

그 후 영화·드라마는 물론 예능 프로그램에서 솔직한 화법과 패션 센스로 MZ세대들이 가장 환호하는 배우로 인정받고 있다. 그리고 재미교포 정이삭 감독이 연출한 〈미나리〉로 2021년 아카데미 여우조연상을 받아 명실상부한 글로벌 스타가 됐다.

윤여정 선생을 비롯해 남들이 은퇴하거나 은둔하는 60대 이후에 피크타임을 누리는 이들을 나는 '생존자'라고 부르고 싶다. 그들은 다른 행성에 있다가 나이가 들어 갑자기 지구로 와서 조명을 받는 것이 아니다. 혹은 이집트 유적처럼 누가 발굴해 내는 것도 아니다. 늘 자신들이 하는 일을 어디에선가 꾸준히 해 왔고 모두 하루하루 치열하게 살았다.

자신의 열매를 기꺼이 나누는 여유

나이를 많이 먹으면 인생은 자신의 계획대로 되지 않는다는 걸 알게 된다. 그리고 꼭 꾸준히 한 길을 걷는다고 정상에 오를 수 있는 것도 아님을 안다. 그러나 '대기만성'형의 사람들의 공통점은 투덜거리거나 팔자타령만 하며 늙어 가지는 않는다는 것이다. 자신의 일을 좋아했기에 남들의 인정에 연연하지 않았고 두려움 없이 직진했다. 그리고 앞에 소개한 이들의 공통점은 나이 많음을 기꺼이 유머로 승화시키는 것이다.

윤여정 선생은 미국의 토크쇼에 출연했을 때 사회자로부터 "점술가가 당신은 96세에 소울 메이트를 만난다고 했다면서요? 그럼 적어도 96세까지 산다는 거잖아요?"라는 질문을 받았다. 그는 "그래서 점술가에게 '내가 그때 그 사람이 진짜 소울 메이트라는 걸 알아는 볼 수 있을까요? 그 나이면 치매가 올 수도 있잖아요'라고 물었습니다"라고 답해 사회자는 물론 방청객들이 웃음을 터뜨렸다.

1920년생인 김형석 연세대 명예교수의 유머 감각도 윤 선생 못지않다. 나이를 입력하면 컴퓨터가 100을 다 지워 버려 지난해 제주도에 가려고 비행기를 타니 나이가 3세로 나오더란다. 106세가 되면 초등학교 취학통지서가 나올 것 같은데 그때까지 일하고 싶다고 했다.

내가 대학 시절에도 김형석 교수는 유명한 철학자였다. 그러나 대중적으로 확고한 명성을 얻은 것은 90세 이후라고 생각한다. 그분은 90여 년을 살아온 철학자로서, 신앙인으로서, 아니 사회의 어른으로서 나라에 뭔가 기여해야겠다는 사명감으로 전국을 다니며 강의도 하고 일간지 두 곳에 칼럼도 쓰면서 "1년에 종합소득세를 3,000만 원 냈습니다. 더 많이 세금을 내서 나라에 도움을 주고 싶습니다"라고 말할 만큼 피크타임을 누리는 중이다.

김 교수는 100세 시대에는 3단계의 인생으로 나눠 살아야 한다고 말한다. 30세까지는 나를 키워 가는 자아 교육 단계, 65세까지는 직장과 더불어 일하는 단계, 그리고 그때부터 90세까지는 사회를 위해 일하는 단계라고 규정했다.

사과나무는 자라서 열매를 맺어 그 열매를 사회에 주지 않으면 나무 구실을 못 하게 된다다. 김형석 교수는 정년퇴직 후에 대중을 위한 책도 펴내고 강의도 다니면서 자신의 열매를 기꺼이 사회와 젊은이들에게 나눴다.

"다들 나의 건강과 장수 비결을 묻는데 답은 늘 같아요. 항상 공부하고 아직도 일하는 것이 비결이에요. 물론 95세 이후에는 신체가 고달프고 힘들어 참 살기 어렵다고 생각했어요. 정신적인 내가 신체적으로 늙은 나를 업고 다니는 것 같아요. 그래도 정신은 늙지 않아요, 내가 계속 키우고 있거든요."

최선을 다한 실패는 최고의 스승

나이 들어서 전성기를 맞은 이들의 공통점은 그들이 실패와 고난을 겪은 후에 뒤늦게 꽃길을 발견했다는 것이다. 수없이 시도하고 끝없이 추락하고 그래도 다시 일어나 걸어서 정상에 오른 것이다. 그들은 실패는 공부이고 최고의 스승이라고 강조했다. 단, 그 실패가 최선을 다한 실패여야 한다.

미국의 소통이론 전문학자인 폴 스톨츠 박사는 《Adversity

Quotient: Turning Obstacles into Opportunities(역경지수: 장애물을 기회로 전환시켜라)》라는 책에서 IQ(지능지수)나 EQ(감성지수)보다 AQAdversity Quotient, 즉 역경지수가 높은 사람이 성공한다고 했다. 친구나 동료들은 승승장구하는데 나는 뒤에서 그들의 성취에 박수 칠 때 온몸이 서걱거리는 모래와 바위 같았다는 이들도 있다. 그러나 서걱거리는 몸과 도저히 뚫어지지 않을 것 같은 바위 앞에서도 한 발 한 발 걸어온 이들은 자신의 왕관을 발견한다.

실수나 실패에 무너지지 않고 자기가 하는 일을 좋아하고 자신이 거둔 열매를 기꺼이 남들과 나누려는 마음을 갖는다면 전성기는 언제든지 다가와 우리를 껴안아 주지 않을까.

전성기는 게으르거나 이기적인 사람에겐 찾아오지 않는 것 같다. 누가 상상이나 했을까, 한글을 몰라 간판도 못 읽고 자녀의 이름조차 못 쓰던 촌부들이 팔순이 되어 시를 쓰고 힙합 전사가 되어 공연장을 누빌 줄을….

Passion

열정

일생에 한 번쯤
미치도록 좋아하는 일을 하라

신구 선생을 인터뷰한 것은 2014년 무대에 올려진 연극 〈3월의 눈〉 배우 대기실에서였다. 당시에 연극은 물론 〈꽃보다 할배〉의 그리스 편 촬영을 다녀왔고, '서든어택'이란 청소년들이 즐겨하는 게임에서 선생의 캐릭터도 만들어져 상품이 출시된 터라 인터뷰 시간을 잡기도 힘들었다.

　그분의 얼굴보다 손에 들린 대본에 먼저 놀랐다. 얼마나 많이 읽고 또 읽었는지 겉이 닳아 두꺼운 테이프로 테두리를 감은 대본 말이다. 그 연극에 함께 출연 중이던 손숙 선생은 "이 작품의 첫 대본 리딩을 하고 3일 뒤에 첫 연습을 했는데 신 선배는 그사이에 대본을 통으로 다 외워 왔다"며 "50년 넘게 배우 생활하며 신 선배처럼 사람을 놀라게 하는 배우는 본 적이 없다"고 했다.

　당시 50대 중반의 어린(?) 나는 팔순을 앞둔 그분의 '마지막 불꽃'을 보는 자리라고 생각했다. 그러나 신구 선생은 그 후로도 계속 나의 지레짐작을 통쾌하게 배반하고 더 강하고 화려한 불꽃놀이를 하고 있다. 당시에도 티켓 파워 1위였는데 2024년인 지금도 신구 선생이 출연하는 연극 〈고도를 기다리며〉, 그리고 전작인 〈라스트 세션〉은 늘 전석 매진이다. 온갖 수단을 동원했지만 결국 표를 구하지 못했다.

심부전증을 앓던 신구 선생은 지난해 87세의 고령에 심장 수술을 받고서도 무대에 올랐다.

"연기에 타고난 재능이 있거나 어린 시절부터 연기자가 꿈도 아니었어요. 천재가 아니라 노력형이죠. 제대로 연기를 하기 위해 열심히 대본을 읽고 분석하고 일상의 삶에서 모든 감정을 느끼려고 합니다. 사실 연극은 '미친놈'들이 하는 짓이에요. 아직도 월급이 아니라 연봉으로 고작 수백만 원을 받아 가며 연극 무대를 지키는 이들이 많아요. 나도 미쳤었고 지금도 미치도록 연기가 좋습니다. 다들 심장 수술받고 연극한다면 미쳤다고 하는데 연극하면서 오히려 건강이 좋아졌어요."

과거에 거의 매일 술을 마셨고 심장 수술도 두 번이나 받은 신구 선생의 연기 열정은 90을 바라보는 나이에도 식지 않는다. 퍼내도 퍼내도 계속 채워지는 샘물같이 신구 선생은 뭔가에 아름답게 미치는 일이 얼마나 근사한지 관객에게 온몸을 던져 선물한다.

마주한 시간과 사람들을 치열하게 사랑한 결과

〈여배우들의 티타임Nothing like a Dame〉이라는 영화는 1929년생 조안 플로라이트를 비롯해 1934년생 동갑인 에일린 앳킨스, 주디 덴치, 매기 스미스 등 영국 왕실로부터 작위를 받은 세계적 명성의 영국 여배우들이 큰언니 격인 플로라이트의 집에 모여 차를 마시며 자신들의 연기 인생을 이야기하는 다큐멘터리다. 로렌스 올리비에의 부인이었던 플로라이트는 눈이 잘 보이지 않고, 몇몇은 보청기를 끼고 있었다. 90세가 넘은 나이니 당연한 현상이다. 그들의 이름을 정확히 모르는 이들도 얼굴을 보면 "어머, 해리포터에 나온 그분?", "007에 출연한 그 할머니?" 등으로 알아볼 것이다.

"젊었을 땐 일하러 가는 길에 교통사고라도 나길 바랄 만큼 무대도 앞날도 두렵고 막막했지. 이젠 노인이 되어 '보호자는 어디 있나요?' 혹은 '장례 절차는 결정하셨나요?' 등의 질문을 받지만 뭐 괜찮아. 살아 보니 두려움은 휘발성이야. 겁을 먹으면 나의 다른 에너지가 소모되니까 얼른 다른 감정으로 바꿔야 해. 지금도 나를 불러 주는 곳이면 끝까지 가서 일하고 싶어"

대배우들은 그들의 열정 덕분에 지금도 현역으로 다양한 작품에서 노련한 연기를 보여 주고 있다. 두려움이 밀려올 때마다 두려워하는 내면의 자아를 누르고 조금 더 강하고 용감한 새로운 자아를 꺼내는 것 같다. 젊은 자아가 아니라 더 지혜롭고 노련한 자아로.

2022년 노벨문학상 수상자인 작가 아니 에르노는 '열정'의 아이콘이다. 1993년 발표된 《단순한 열정》은 작가이자 대학교수인 그가 러시아 외교관과 나눈 사랑을 적나라하게 고백하고 기록한 작품이다. 《탐닉》,《집착》,《부끄러움》등 이어지는 작품에서도 '문학작품으로 포장했다 해도 교수에 아들들까지 둔 어머니가 이렇게까지 진솔하게 자신의 애정사를 밝혀야 할까' 하는 의구심이 들 만큼 그는 자신의 사랑에 당당했다.

아니 에르노는 "진정한 사치란 사랑의 열정을 느끼며 사는 것, 사랑의 열정으로 가득한 기다림의 시간이라는 사치!"라고 했다. 에르노의 사치란 열정이었다. 그 후 《세월》 등의 작품을 계속 읽으면서 나는 그의 열정은 남녀 관계의 사랑만이 아니라 자신의 삶 자체에 대한 열정, 자신이 마주한 시간과 사람들을 치열하게 사랑한 결과를 '사치'로 승화시킨 것임을 알았다. 84세인 그의 열정은 돈이 없고 시간도 아까워 연애도 안 한다는 20대 초식남녀들보다 더 뜨거운 것 같다.

꾸준한 성실성과 인내심도 열정

외신에 소개된 일본의 94세 총무과장 다마키 야스코 씨의 열정은 뜨겁지는 않지만 은은하게 이어진다. 그는 산코산업 총무부에서 경리 담당으로 68년째 근무 중이다. 어린 동생들을 키워야 한다는 사명감에 시작한 직장생활! 주판, 타자기, 컴퓨터 등으로 업무 도구나 방식이 바뀌었지만, 그는 모든 변화가 두근거렸고 즐거웠단다. 그래서 나이 어린 상사에게 존댓말을 하고, 직장의 옛날이야기는 절대 꺼내지 않는다. 60대에 엑셀을 배웠다는 그는 "어제보다 오늘 더 성장했다는 것을 매일 실감한다"며 100세까지 일하는 것이 목표라고 했다.

흔히 '열정'이라면 뜨거운 화산 같은 힘, 또는 목숨을 던지는 사명감 등을 떠올린다. 그러나 불꽃 같은 열정보다는 온돌방의 불처럼 꾸준하게 유지되는 성실성도 열정이라고 생각한다.

나는 신문사에서 정년퇴직을 했다. 아니 퇴직까지 버텼다. 선천적 재능도, 분발심이나 야망도 크지 않은 내가 특출한 전문성도 없는데 정년으로 직장 생활을 마무리할 수 있던 것은 내가 일했던 경향신문이 너그러운 조직이기도 했지만, 내가 내 일을 좋아한 덕인 듯하다. 일을 썩 잘하지 못해 직장이나 동료들에게는 미안했지만, 눈치 없고 이기적인 나는 일을 좋아했다.

신문 기사는 누가 대신 취재하거나 다른 사람이 써 줄 수가 없어 혼자 해내야 한다. 취재를 거부당하고, 마감 시간 때문에 엉성한 기사를 후다닥 넘기기도 하고, 나의 재능 없음에 좌절하고 실수와 실패도 수없이 했지만, 그 일을 그만두고 싶지는 않았다. 세상의 변화를 가장 먼저 접하고 새로운 사람을 만나고 곳곳을 다니며 누군가의 이야기를 듣고 독자에게 전하는 일을 하면 힘이 났다. 보람이나 소명 의식과는 다른, 내가 나를 다독여 주는 원동력이었다.

퇴직 후에는 방송과 강의를 주로 하는데 아무리 몸살감기로 아프다가도 신기하게 현장에 가면 목소리가 나왔다. 난 책임감도 별로 없고 보람을 추구하거나 사회에 봉사하는 성향도 아닌데 "이 일을 하시겠습니까?"라는 제안을 받으면 별 고민 없이 "네!"라는 답이 나왔다.

지난해 연말에 고속버스로 왕복 10시간이 소요되는 남해에 강의를 다녀왔다. 시간이 애매해 고속버스 터미널에서 김밥과 라면으로 식사를 해결했다. 무사히 강의를 마치고 다시 버스에 탔는데 딸아이가 "엄마, 너무 피곤하겠다. 몸은 좀 어때?"라는 걱정이 담긴 문자를 보냈다. 60대 중반에도 백수 남편을 대신해 생계를 책임지기 위해 고된 노동을 하는 가련하고 불쌍한 엄마로 딸에게 동정심을 유발하고 싶었으나 "프리미엄 버스라 편해. 호두과자 먹고 커피 마시며 책도 읽고 있어"라는 답장을 보냈다.

푹신한 스파 침대에 누워 마사지를 받는 것보다 흔들리는 버스를 타고 가서 두 시간 동안 강의를 하는 것이 피로 회복제 역할을 하는 것을 보면 나는 전생에 궁에서 부지런히 허드렛일하던 무수리였나 보다. 몸이 노동을 기억하는 것 같다. 하지만 수시로 치열한 궁중 암투에 휘말리던 왕비나 후궁보다 마음은 무수리가 편하지 않은가. 열정은 최선을 다해 자신을 훨훨 불태우는 것이 아니라 아궁이 앞에 앉아 계속 부채질하며 군불을 때던 어머니의 인내심일지도 모른다.

살아 있는 것은 다 아름답다

내가 좋아하는 식당의 주인 할머니는 팔순이 넘은 연세에도 주방에서 음식을 만든다. 단골이 많아 불경기에도 늘 사람들이 줄을 서는 식당이라 소문에는 식당 건물도 그 할머니 것이라고 한다. 그런데도 할머니는 직접 식자재를 고르고 음식의 간을 보고 손님들의 표정을 살핀다. 이제는 좀 편히 쉬며 여행도 다니고 앞치마가 아니라 명품 옷도 걸치라고 주변 사람들이 권하지만, 그 할머니는 "나이 들었다고 잘못 보관해 군내 나는 김치처럼 살긴 싫어. 난 일을 해야 겉절이처럼 싱싱해져"라고 말한다. 해외여행과 명품은 자식들이 누리는 것 같지만 팔순이 넘은 나이에도 자부심에 빛나는 얼굴과 잰걸음은 그분의 열정의 엔진인 것 같다.

생활 상담가인 백천 선생은 70대 후반인 지금도 계속 상담 일을 한다. 얼마 전에 함께 식사하는 자리에서 내 생일에 일어난 일을 이야기하다 "선생님 생일은 언제죠?"라고 물었다. 선생은 "오늘"이라고 답했다. 생일인 줄 몰라 선물을 준비하지 못해 송구하다고 하니 이렇게 말했다.

"내 나이가 되면 매일매일이 생일이에요. 태어난 날이 아니라 살아 있는 날이 생일이니까요."

늘 다른 이들에게 희망의 기운을 전하는 선생의 생일이 쭈욱 지속되기를 기원했다. 나 역시 매일 내게 "Happy Birthday To Me!!"라고 노래하고 싶다.

백천 선생처럼 매일 생일을 누리는 화가가 있다. 데이비드 호 크니다. 코로나로 지구촌 대부분이 마비된 상태였을 때에도 80대에 접어든 화가 데이비드 호크니는 계속 작품 활동을 이어 갔다. 코로나도 그의 열정을 막지 못했다. 코비드 당시 고향인 영국을 떠나 프랑스 노르망디로 거처를 옮겨 날마다 꽃이 피어나고 새들이 날아다니는 모습, 그리고 밤에 뜨는 달을 아이패드에 그렸다. 그리고 절친인 미술평론가 마틴 게이퍼드와 영상통화를 하며 나눈 대화를 모아《봄은 언제나 찾아온다》라는 책도 펴냈다.

현재 이곳은 지극히 아름다운 봄입니다. 이르게 찾아왔죠. 나는 이 봄을 기록해 두고 있어요. 아주 흥분됩니다. 봄은 아직 끝나지 않았습니다. 사과나무에는 아직 꽃이 피지 않았습니다. 다른 나무들은 지금 꽃이 피고 있습니다. 모두 놀랍기만 합니다. 나는 멋진 큰 나무에 핀 벚꽃을 막 그렸습니다. 우리가 있는 곳에서 유일한 벚꽃나무인데 지금 눈부시게 아름답습니다. 다음에는 잎새들이 돋아 나올 겁니다. 여름의 짙은 녹음을 보기 시작할 때까지 나는 계속해서 그릴 겁니다.

호크니는 매일매일 열정의 분출에 따라 움직인다고 게이퍼드는 말한다.

전시장에서 다섯 시간 동안 그림 감상을 하고 하루 종일 그림을 그린 후에 기분 전환 삼아 프루스트나 플로베르의 책을 읽으면서 자신이 선호하는 방식으로 외모나 옷차림도 조율해 사람들이 쉽게 그를 알아볼 수 있는 이미지를 구축하는 사람이 호크니다.

꺼져 가는 불씨를 다시 살리려면 부채질이 필요하듯 활기찬 삶으로 옮겨 가려면 몸과 마음과 정신의 삼박자가 조화를 이뤄야 한다. 뭔가 꾸준히 밀고 나가겠다는 의지, 그걸 행동화할 수 있는 체력, 또 그걸 습관화할 수 있는 노력이 필요하다.

60이 넘어서도 20대의 체력과 의욕을 유지하기는 힘들다. 그렇지만 시들시들 말라비틀어진 채소처럼 늙어 가는 것이 순리는 아니다. '나는 늙었어', '이제 무슨 힘이 더 남아 있겠어'라고 끝없이 속닥이는 내 마음속의 방해꾼을 무시하고 산책하든 동네 도서관에라도 가 보든 뭔가 나를 새롭게 일으켜 세우는 열정을 매일 불러내야 한다. 뜨겁지 않아도 계속 온기를 유지하는 은은한 열정이 늙어 가는 내게 내가 끓여 주는 보약이다. 오늘도 나는 보약 한 사발 쭉 들이켠다.

Playful

재미있는

여름방학을 맞이한 아이처럼
신나게 즐겨라

'건반 위의 구도자'로 불리는 피아니스트 백건우 선생이 새로 연주 음반을 발표했다. 67년을 피아노 앞에서 보냈다는 백 선생은 라흐마니노프, 리스트, 베토벤 등을 진지한 자세로 연주해 왔는데 이번엔 모차르트란다. 그는 공연 전문지 〈객석〉과의 인터뷰에서 모차르트를 선택한 이유를 "나이 들수록 모차르트의 연주가 어려워요. 악보에 담아낸 '있는 그대로의' 음악을 어린이들의 순수함에서 발견했어요. 음반 표지도 대개 연주자 사진이 들어가지만 이번엔 초등학생, 중학생이 그린 제 초상화를 넣을 예정입니다"라고 밝혔다. 구도자가 찾아낸 마지막 여정은 어린이들의 순수함이었다.

우리는 모두 '전직' 어린이다

나이 들어서 꼭 갖고 있어야 할 필수품(?)은 동심이라고 생각한다. 흙장난을 하루 종일 할 수 있고 시시한 일에도 배를 잡고 웃고 야단을 맞거나 친구와 싸웠어도 금방 화해하고 놀러 나가고 추운

겨울에 엄마가 구워 준 고구마에 온 세상이 따사롭게 느껴지는 아이의 마음이 그것이다. 왜 우리는 어린 시절의 추억은 떠올리면서 어린 시절의 마음은 찾으려 하지 않을까.

영화 〈사운드 오브 뮤직〉에서 가정교사 마리아 선생(줄리 앤드루스 분)은 천둥 번개가 치자 무섭다며 방으로 달려온 아이들에게 '마이 페이보릿 띵스My favorite things'라는 노래를 불러 준다.

"장미꽃 위의 빗방울과 고양이 수염, 윤이 나는 구리 주전자와 따뜻한 양털 엄지장갑, 끈으로 묶은 갈색 종이로 포장한 소포, 이게 내가 제일 좋아하는 몇 가지 것들이야."

아이들은 이 노래를 들으며 금방 두려움에서 벗어나 장난을 치고 행복해한다. 그런데 내가 좋아하는 것들을 헤아려 본 적이 언제인지….

성형수술이나 운동으로 겉모습을 젊어 보이게 할 수 있을지도 모른다. 그러나 꾹 눌러도 다시 톡 튀어 오르는 아기들의 탱탱한 볼처럼 중장년의 마모된 감성에 '회복탄력성'을 주는 것은 수시로 웃고 장난을 칠 수 있는 아이들과 같은 동심이다.

어떤 상황에서도 천진난만한 동심을 유지하는 사람을 보면 덩달아 행복해진다. '눈물 자국 없는 몰티즈'란 별명을 가진 장항준 영화감독을 보면 그렇다. 그는 신혼 시절을 회상하며 이렇게 말했다.

"일도 없고 돈도 없었지만 매일이 여름방학 같았어요. 쌀이 떨어질 정도로 가난했는데도 말이에요. 어느 날 집사람에게 '은희야, 우리 오늘 친구들 불러 회 먹을까'라고 하면 '그래'라고 답해요. 친구들에게 전화 걸어 '오늘 우리 집에서 저녁 먹자, 네가 회 사와', '아무개야 너는 술 좀 사와', '너 우리 집 올 때 비누 사다 줘'라고 부탁해요. 그럼 다 모여서 회 먹고 술 마시고 수다 떨고…. 우리 딸도 매일 여름방학을 맞은 아이처럼 보내길 바라요."

가난한 장 감독네 집에 바리바리 음식이나 생활용품을 사 들고 가는 친구들, 그들은 그의 집에 가면 서로 어울려 유쾌하고 신나고 걱정 없는 여름 캠프 같은 시간을 보낼 수 있다는 걸 알기에 기꺼이 돈과 시간을 투자했을 것이다. 지금은 부부가 부와 명예를 누리고 있지만 동심만은 그대로인 듯하다.

우리나라 중장년층은 어릴 때부터 너무 "철 좀 들어라", "점잖게 행동해라", "실없이 웃지 마라", "장난 좀 그만 쳐라"라는 말을 귀에 문신이 새겨질 만큼 지겹도록 듣고 자랐다. 희로애락도 잘 표현하지 못하고 아련함, 애틋함, 즐거움, 그리움, 신남, 반가움, 기대감, 탄성, 노래 부르고 춤추고 싶은 기분, 펑펑 울고 싶은 마음, 부끄러움, 놀라움 등의 감정을 꾹꾹 누르고만 살았다. 너무 단단하게 봉인이 되어 풀어 보기도 힘들다.

그러나 우리는 모두 '전직' 어린이였다. 우리 몸 안에는 아기 때부터의 기억과 감정이 쭈글쭈글하긴 해도 남아 있다. 어제 들은 노래 제목은 기억하지 못해도 초등학교 때 배운 동요는 가사를 다 기억한다. 그 동심을 슬쩍슬쩍 꺼내 행동으로 옮겨 보는 것은 우리 스스로가 할 수 있는 치유의 한 방법이다.

재미 추구가 행복해지는 최고의 방법

한때 어르신들이 자신의 모교나 고향을 찾아 교복을 입고 기념 촬영을 하는 것이 유행이었다. 그 사진 속의 주인공들은 비록 주름진 얼굴이지만 금방 소년과 소녀의 감성이 드러났다. 서로 별명을 부르고 어깨를 치며 어린이의 얼굴을 회복한다.

엄숙, 근엄, 진지함의 총합체로 보이는 전 감사원장 한승헌 변호사도 사석에서는 아이 같은 미소와 유머를 구사했다. 나는 그분이 돌아가시기 몇 달 전까지 계속 연락하며 지냈다. 70대 후반일 때 건강검진을 하셨다면서 이렇게 말씀하셨다.

"건강검진 결과를 보니 내가 고혈압, 당뇨, 골다공증 등 성인병이 하나도 없답니다. 이제 아프면 소아과에 가야 할까 봐요."

그분의 썰렁한 유머, 파안대소하던 얼굴이 지금도 그립다.

1928년생인 패션디자이너 노라노 선생은 지금도 현역으로 패턴 작업을 한다. 그분을 인터뷰했을 때 70대인데도 26인치의 날씬한 허리, 꼿꼿한 자세로 전날 밤에는 지인들과 '파자마 파티(집에 모여 잠옷을 입고 재미있게 노는)'를 했다고 전했다. 오랫동안 건강한 몸과 마음을 유지하며 일하는 비법을 그는 이렇게 설명했다.

"건달 정신으로 살았어요. 흔히 백수건달이라고 하지만 건달도 일해요. 건달의 특징은 의미보다는 재미를 우선으로 한다는 것, 그리고 꼭 무대 위에만 서려고 하지 않고 무대 아래에서 무대 위의 주인공에게 박수를 쳐 주는 여유, 또 실수나 실패를 해도 '아님 말고'라며 다시 도전하는 용기랍니다. 그래서 지치지 않아요."

건들건들 재미를 찾으면서 우승자에게 기꺼이 박수와 축하를 보내고, 넘어져도 다시 일어서는 아이다움이 노라노 선생을 100세를 바라보는 지금까지 생생한 꽃처럼 피어 있게 하는 것 같다.

조직 심리학자이자 행동과학자인 마이크 러커도 "재미 추구가 신체 및 정신적으로 행복해지는 최고의 방법"이라고 주장했다. 늘 생산성이나 빨리빨리만 추구하며 재미있는 일에는 신경을 안 쓰다가 나이 들면 "사는 게 재미없어", "불행해"라고 넋두리한다.

많이 놀수록 우리는 현명해진다

퇴직하고 많은 이들이 우울증을 느낀다. 갑자기 일터도 명함도 없어지고 무엇보다 즐거움을 느낄 '자본'이 없기 때문이다. 환갑을 넘기자 갑자기 허허로워진 전직 은행원은 고교 동창의 권유로 지난해 고교 동창 합창반에 들어갔다. 일주일에 한 번이지만 친구들과 노래를 부르고, 각자의 목소리에 귀 기울이고 쉬는 시간에 학생들처럼 키들거리고 장난도 치면서 그는 심신의 건강을 찾았다.

"서로 다 늙었다는 건 알아요. 쉬는 시간에 고혈압, 당뇨 약을 먹기 바쁘죠. 그렇지만 동창들이 모이면 타임머신을 탄 듯 고등학생 마음으로 돌아가요. 도시락 뺏어 먹고 책가방 뺏어 도망가던…. 그리고 일이 아닌 재미로 노래를 부르며 우정뿐 아니라 제 자신의 진짜 목소리를 찾는 것 같아요. "

냉소적이고 염세적인 철학자 니체는 역설적이게도 "아이처럼 즐겁게 살라"고 강조했다. 그는 정신의 3단계 변화를 주장했다. 첫 단계는 낙타 정신, 즉 '나는 해야 한다'라는 의무감으로 무거운 짐을 지고 버텨 내는 삶의 태도다. 두 번째 단계는 사자 정신, 사자의 자유 정신으로 자유를 얻기 위해 자신이 짊어진 무거운 짐을 부정하고 파괴하는 태도다. 마지막은 아이 정신, 누가 시키지 않아도 스스로 놀이에 집중하는 순진한 아이 모습에서 진정한 창조자의 모습이 있다고 했다.

뇌신경 과학 분야의 학술지 〈뉴런〉에는 지난해 독일 베를린 훔볼트대 계산신경과학센터, 베를린 아인슈타인 신경과학연구센터, 베를린 자유대, 국립 퇴행성신경질환연구센터, 하이델베르크대 공동 연구팀이 동물실험을 통해 웃음과 장난에 관여하는 핵심 뇌 부위를 찾아낸 연구 결과가 실렸다. 중뇌의 수도관 주위 회색질PAG이 그 부위다. 이 연구 결과에 따르면 많은 이들이 놀이를 유치하다고 생각하면서 과소평가하고 있지만 놀이가 우리 뇌에서 행동을 통제하는 자기 훈련 행동을 한다는 것이다. 놀이할 때 멍청해지는 것이 아니라 우리의 행동을 통제하는 자기 훈련을 강화한다는 점이 핵심이다.

오월의 하늘처럼 싱그럽고 청량하게

영문학자이자 수필가인 피천득 선생을 인터뷰하러 집을 방문했을 때 나는 당시 95세였던 노학자에게서 열다섯 살, 아니 다섯 살 소년의 천진함을 발견했다. 그분은 사랑하던 딸 서영 씨가 미국 유학을 가며 남기고 간 인형 난영이를 매일 얼굴을 씻기고 머리도 빗겨 주며 딸에 대한 그리움을 인형놀이로 달랬다. 또 인형 난영이가 외로울까 봐 구입한 곰인형에겐 밤마다 편하게 잠들 수 있도록 안대를 씌워 주기도 했다.

90이 넘어 시작한 인형놀이라면 치매를 의심을 할 수 있겠지만 수십 년 전부터 계속되는 일상이었다. 그래서였을까. 대부분의 노인에게 느껴지던 겨울의 쓸쓸하고 을씨년스러움이 아니라 그분의 시 제목처럼 '오월'의 청량함이 느껴졌다.

모 중견기업 여사장은 2년 전 암 수술을 받았는데도 요즘 활력이 넘친다. 그는 트로트 가수의 팬클럽에 가입해 그 가수 공연을 보려고 전국 투어 중이다. 건강을 잃을 뻔한 그는 어느 날 병상에서 그 가수의 노래에 벼락을 맞은 듯한 전율과 더불어 큰 위안을 받았단다. 요즘은 혼자 지방의 저녁 공연에 참석하고 그곳에서 자고 다시 돌아오는 일정에도 피곤을 모른단다.

"공연 중에 일어나서 함성 지르고 춤도 춘다니까요. 그러다 슬픈 노래가 나오면 울어요. 손수건을 꺼내는 옆좌석 팬들을 확인하고 서로 깔깔거리고 웃죠. 내가 이렇게 단단히 미칠 줄은 몰랐어요."

노인이 됐다고 흔들의자에 앉아 창밖 풍경만 보거나 마지막 판결을 기다리는 피고인처럼 매사 조심조심 익숙한 생활에 순응하며 지낸다면 그건 살아도 죽어 지내는 셈이다. 인생 후반전의 특권이자 의무는 지금까지 한 번도 경험해 보지 못한 일에 도전하고 새로운 방식으로 걸어 보는 것이다. 나이를 잊고 팬클럽으로 '덕질'도 하고, 막막하고 답답하지만 식당의 키오스크 앞에서 주문도 해 보자. 더 나아가 한 번도 가보지 못한 장소에서 낯선 풍경을 보며 그곳의 바람, 햇살을 즐기고 작은 골목들을 찾아가면 피터 팬처럼 영원한 동심을 누릴 수 있지 않을까.

아이의 마음을 회복하면 일어나는 마법 같은 일

나는 앙리 마티스의 그림을 좋아한다. 야수파 시절의 그림도 좋지만, 만년에 관절염이 심해져 붓을 손에 쥐기도 힘들어졌을 때, 색종이를 가위로 오려 붙여 완성한 콜라주 작품에 더 애정을 느낀다.

마티스는 "가위는 연필보다 더 감각적"이라면서 나무나 돌을 다듬는 조각가처럼, 혹은 어린이들이 미술 시간에 하는 색종이 놀이처럼 콜라주 작품들을 만들었다. 80대의 노화가가 동심을 찾은 것이다. 과거 마티스 그림에서 보이던 복잡한 장식, 화려한 색깔은 사라졌지만 색종이의 단순한 색과 선이 심오한 삶을 더 선명하게 보여 주는 것 같다.

나는 60이 훨씬 넘은 지금도 가끔 만화나 동화책을 읽는다. 동화와 만화책은 바닷바람에 꾸덕꾸덕 말라 딱딱해진 북어처럼 되어 가는 내 감성을 말랑말랑하고 촉촉하게 만드는 스프레이 역할을 한다. 《빨간 머리 앤》이나 '억누를 수 없는 낙천주의와 모든 일에서 좋은 점을 찾으려는 사람'이라는 의미로 영어 사전에도 오른 폴리애나를 주인공으로 한 엘리너 H. 포터의 소설 《폴리애나》, 또 앤서니 브라운의 동화책을 읽으며, 마법은 요정이 지팡이를 흔들때가 아니라 내가 기꺼이 아이의 마음을 회복할 때 일어난다고 생각한다.

노벨문학상도 받고 94세까지 꼬장꼬장하게 살았던 조지 버나드 쇼도 "우리는 늙었기 때문에 노는 것을 멈추는 것이 아니라 노는 것을 멈췄기 때문에 늙는다"고 했다. 영국의 배우이자 전기 작가 헤스케드 피어슨은 《버나드 쇼: 지성의 연대기》라는 전기에 "50대에 쇼는 죽음에 대해 생각했고 비실거리는 바보로 퇴행하지는 않을까 두려워했다. 60대에는 그의 표현대로 '제2의 아동기'를 맞아 일곱 번째의 활력을 얻었고 기분 좋은 해방감을 느끼면서 모험적이고 무책임해졌다"라고 노장이 아동기로 복귀한(?) 과정을 설명했다.

점잖은 어른이라는 갑옷을 벗어 버리고 눈치 보지 말고 웃으면서 놀아 보자. 내 안의 날개가 솟아오르는 걸 느낄 수 있다. 또 내가 뚱한 표정으로 앉아 있으면 주변 사람들이 슬금슬금 피하지만 아이처럼 키드득거리고 웃을 때는 내게 미소를 보낸다. 난 아직도 철이 없어서 참 다행이다.

몸을 건강히 유지하는 것은

나무와 구름을 비롯한 우주의 모든 것에 대한

감사의 표시다.

_틱낫한

Premium Period ⎯⎯⎯⎯⎯⎯⎯⎯⎯⎯⎯⎯⎯⎯⎯⎯⎯⎯

PART4

최상의 구간에서
필요한 관계에 대하여

Private

사적인

나만의 고독한 시간과
공간을 마련하라

영국은 2018년 1월 세계 최초로 '외로움부 장관Minister for Loneliness'이란 직책을 신설했다. 일본도 2021년 '외로움부'를 만들었다. 국가가 나서서 관리해야 할 만큼 이 외로움이 개인에게나 국가적으로나 문제이자 재앙이라는 뜻이다.

각종 연구에서 외로움은 각종 질병과 고독사의 요인으로 밝혀졌지만, 또 다른 해석도 있다. 영국 킹스칼리지런던의 연구팀은 "외로움은 기대되는 사회적 관계 사이의 불일치에서 비롯된다"고 분석했다. 즉, 단지 혼자 있는 상황이 문제가 아니라, 자신이 말하고 싶고, 말을 듣고 싶은 대상과의 관계가 껄끄럽고 기대가 충족되지 못해서 외로움의 심각성이 커진다는 것이다.

그러나 어떤 이들은 자발적으로 외로운 공간과 시간을 만들고 그 속에서 자신의 숨겨진 역량을 찾거나 다른 이들에게 받은 스트레스나 상처를 이겨 내고 더 그윽해지기도 한다.

침묵 속에서 끌어올린 멋진 생각들

'솔리드옴므', '우영미'란 두 개의 남성복 브랜드를 이끄는 패션 디자이너 우영미는 해마다 파리와 밀라노 컬렉션에 참여하고 있다. 패션의 본고장인 파리의 유명 백화점 등에 입점한 것은 물론 단독 매장도 있고 〈뉴욕타임스〉 등 해외 유력 언론에도 자주 소개되는 세계적인 디자이너다. 자랑 같지만 내 친구다.

우영미는 술, 담배, 운동, 운전 등을 하지 않는다. 휴대폰도 잘 안 본다. 공적인 자리에도 잘 안 가고 나처럼 온갖 친구들과 어울리거나 돌아다니지도 않는다. 그런 60대 중반, 손주들도 있는 이 할머니가 디자인한 옷을 BTS 멤버들도 사 입고 MZ세대들이 열광하는 이유와 비결이 뭘까.

등판에 꽃다발이 그려진 남성용 스웨터, 파리 컬렉션 무대에서 한국의 방석을 내놓은 아이디어는 그가 자신의 '침묵' 속에서 끌어올린 것들이다.

우영미의 집에는 108배를 하는 자그마한 절 방이 있다. 매일 아침 눈뜨면 절과 명상으로 수양한단다. 자신의 마음을 다스리고 텅 빈 상태로 만드는 과정이라고 했다. 그렇게 혼자만의 고독하고 신비한 공간과 시간을 확보한 덕분에 그는 평정심을 가지고 범접하기 어려운 강렬한 에너지가 느껴지는 눈빛과 신비한 아우라로 주변을 압도한다. 그 옆에서 유치찬란한 언행을 일삼아 우영미를 돋보이게 하는 나는 얼마나 좋은 친구인지….

오드리 헵번은 우아함의 대명사다. 영화 〈로마의 휴일〉에서의 앤 공주 역을 맡아도 〈마이 페어 레이디〉에서 거리에 꽃을 파는 상스러운 일라이자 역을 맡아도 그는 세포 마디마디가 우아함인 듯 고상해 보인다. 그 비결은 '혼자만의 시간'을 누렸기 때문이다. 만년의 그는 "나는 자주 혼자 있어야 한다. 토요일부터 월요일까지 내 아파트에서 혼자 머물 때 나는 행복하다. 그것이 내가 회복하는 방법이다"라고 밝혔다.

프랑스 작가 마리 도미니크 르리에브르는 《사강 탐구하기》라는 책에서 작가 프랑수아즈 사강을 해부하며 "그녀는 내면의 극장, 자신만의 방의 열쇠를 갖고 있다. 그녀는 마음대로 그곳을 들고난다. 그녀는 고독을 행복하게 즐긴다"라고 썼다. 《슬픔이여 안녕》, 《브람스를 좋아하세요...》 등을 비롯한 사강의 작품은 그의 엄청난 파티, 술과 마약의 산물이 아니라 고독의 선물이라는 뜻이다.

고독은 홀로 남겨진 벌이 아니다

나이 들면서 자발적 혹은 의도적으로 혼자만의 시간을 가져야 한다. 그런데 혼자만의 시간을 마치 '홀로 남겨진 벌'로 여기는 이들이 많다. 그들은 주변 사람들에게 "이러다 고독사할 것 같아", "너는 왜 맨날 바쁘니", "그 전시회 꼭 보고 싶은데 나랑 가면 안

돼?"라고 징징거린다. 또 부지런히 약속을 만들어 사람들과 만나고 돌아와서는 '괜히 그 자리에 나갔어', '그 친구는 다시는 안 만날 거다' 등의 실망과 고통을 토로한다. 고독한 청년은 껴안아 주고 싶지만 외로움에 몸부림치는 노년은 피하고 싶어진다.

한때 고위직에 있었던 이들이건 수십억 자산가이건 탑골 공원에 앉아 있는 영감님이건 혼자임을 못 견디는 이들은 모여서 정치인이나 유명인들을 마구 헐뜯어 댄다. 목소리는 큰데 눈빛은 너무 공허하다. '텅 빈 방'에서 자신을 만나 고독한 자신만의 시간을 갖지 않아서 눈빛이 텅 비어 버린 게 아닐까. 수학자이며 철학자인 파스칼이 저서《팡세》에 남긴 말을 그들에게 들려주고 싶다.

세상의 모든 불행은 방 안에 혼자 조용히 있는 것을 이해하지 못하는 데 기인한다. 인간은 누구나 고독 속에서 적나라한 자기 자신을 마주하게 되기 때문에 그것을 두려워한다. 그러나 적나라한 자기 자신과 마주하지 않고는 참된 삶을 살 수 없다.

쇼펜하우어의 말도 덧붙이고 싶다.

행복은 얼마나 홀로 잘 견딜 수 있는가에 달려 있다. 행복은 고통과 고민에서 벗어나거나 즐거움과 만족에서 얻는 것이 아니다.

나는 늙어 가면서 혼자 나를 잘 데리고 노는 훈련을 한다. 혼자 식당에 들어가 밥도 먹고 동대문시장에 가서 혼자 옷도 고르고 약속 시간이 두 시간 정도 공백이 생기면 극장에 가서 영화도 본다. 집 안에서도 나를 보살피고 나에게 말을 거는 시간을 갖는다. 매일 아침에 눈을 뜨면 머리나 어깨 등을 문질러 마사지하고 나서 커피 한 잔을 마시면서 "오늘 기분은 괜찮아?"라고 물어본다.

예전에 못마땅했던 자신을 나이 들면서 손님처럼 친절하고 다정하게 챙겨 주려고 한다. 덕분에 나는 딸에게 "너네만 여행가니?"라거나 "왜 내 문자 씹니?"라고 투덜거리거나 잔소리하며 괴롭히지 않는다.

자존감 있는 외로움의 환희, 홀로움

사람들은 고독과 외로움을 잘 구별하지 못해 어떻게든 혼자 있지 않으려고 한다. MBC에서 정년퇴직 후 고향인 전라도 구례 지리산자락에서 혼자 생활하는 구영회 선배는 '고독 전문가'다. 《가끔은 고독할 필요가 있다》라는 책에서 그는 고독과 외로움 감별법을 전한다.

고독과 외로움은 얼핏 뒤섞인 듯 보이지만 크게 다르다. 고독은 자기의 '중심'을 찾아가는 과정이지만 외로움은 중심을 잃고 삐

격거리는 것이다. 외로움은 부정적이다. 외로움에 빠진 사람은 마음이 편하지 않고 어둡다. 외로움으로 인해 스트레스를 받는다. 몸도 상하게 된다. 외로움은 고통에 속한다. 당신이 혼자일 때 거부감 없이 긍정적인 상태라면 고독이고 혼자인 것이 괴롭다면 외로움이다.

아내와 사별 후 혼자 지내는 한 중년 남성은 집에 TV 수상기가 세 개가 있다고 했다. 집에 돌아오면 텅 빈 집이 너무 적막해서 거실과 두 개의 방에 놓은 TV를 각각 다른 채널로 틀어 놓으면 마치 사람들이 웅성대는 것 같아 덜 외롭다고 했다. TV를 보며 혼술을 마시다가 취해 잠들던 그는 어느 날 목공 공부를 시작했다.

목공소에 가서 기초를 배운 후 집에서 나무로 간단한 생활용품이나 작은 가구를 만든다. 그걸 친지들에게 선물도 한다. 혼자서 할 수 있는 일을 찾은 후 이제 혼술을 잘 안 마시고 건강도 좋아졌다고 했다. 나는 그에게서 나무 인형 피노키오를 만든 제페토 할아버지의 인자한 모습을 발견했다. 제대로 혼자가 되는 것이 두렵다면 자신이 하고 싶은 것들을 찾고 그걸 위해 노력하는 시간이라도 만들어야 한다.

황동규 시인은 '자존감 있는 외로움의 환희'를 표현하는 '홀로움'이란 단어를 새로 만들었다. 같은 제목의 시도 《버클리풍의 사랑 노래》란 시집에 담았다. 시인은 이 시에서 "하늘에서 별이 하나 돈다, 별이 말하기 시작했다"라고 읊었다. 내가 나와 만나는 조용한 시간에야 별의 말을 들을 수 있다. 그 별이 전하는 말이 우리에게 치유제가 되기도 하고 다른 세상으로 나가는 문을 열게 하는 힘도 준다.

브리티시컬럼비아대 연구팀은 '고독한 상황에 놓이면 어떤 일이 벌어지는가'라는 생리학적 연구를 하고 있다. 많은 사람이 고독으로 확실하게 편안함을 배우고 스트레스 호르몬 생성이 줄고 면역력이 좋아지는 결과가 나타났다.

연구 대상이 된 사람들 대부분이 고독의 장점을 체험하기 위해 꽤 길고 집중적인 고독 기간이 필요했는데, 어떤 고독이 가장 효과적인지에 대한 답변은 다양했다. 산책하거나 명상에 잠기거나 공원 벤치에 앉아 있거나 카페에 가거나 사이클을 타거나 쇼핑을 하거나 힐링 음악을 듣거나 하는 것 등이 스트레스를 풀면서 자신과 마주할 수 있는 다양한 방법의 예였다. 고독은 병이 아니라 치유의 효과를 가져오기도 한다.

고독은 세상에서 가장 큰 사치

영국의 작가 마이클 해리스는 《잠시 혼자 있겠습니다》라는 책에서 휴대폰, 각종 소셜미디어나 디지털로 연결된 인간관계망에서 살아가는 현대사회를 '외로움이 삭제된 사회'라고 규정한다.

외부에서 입력되는 것이 없는 고독 속에서 우리는 비로소 진정 독창적인 목소리로 자신을 표현할 창의적 방식을 발견할 수 있다. 고독을 추구하고 당신이 진짜 좋아하는 것을 찾은 다음, 그 속에 당신의 정신을 흠뻑 쏟으라. 스스로에게 더 많은 시간을 허락할수록 온전히 창의적 표현을 가로막는 우려와 제약을 떨칠 수 있다.

그러나 고독은 꼭 자신과만 독대하는 순간은 아니다. 그 대상이 풍경이건 책이건 음악이건 다른 이들의 시선이나 의견에 구애 없이 그 상대를 온전히 받아들이고 만나는 것이다. 내가 즐겨 보는 만화 원작의 일본 드라마 〈고독한 미식가〉에서는 매회 이런 오프닝 내레이션이 나온다.

"시간과 사회에 얽매이지 않고 행복하게 배를 채울 때, 잠시 동안 그는 제멋대로가 되고 자유로워진다. 누구에게도 방해받지 않고 신경을 쓰지 않고 음식을 먹는다는 고고한 행위, 이 행위야말로 현대인에게 주어진 최고의 치유라고 할 수 있는 것이다."

이 드라마의 원작 만화가 구스미 마사유키는 한국경제신문과의 인터뷰에서 '고독한 혼밥'에 대한 정의를 새롭게 설명했다.

"한 프랑스 미디어는 인터뷰에서 드라마의 한 장면을 예로 들며 '여기서 우동을 혼자서 먹는 게 왜 맛있나요? 자신과 마주해서 입니까?'라고 묻더라고요. '아니요. 저는 우동과 마주하고 우동을 먹고 있는데요'라고 답할 수밖에요.”

혼자서 하는 행위는 꼭 자신을 발견하는 것만이 아니다. 내 눈 앞에 놓인 것의 진정한 가치를 느낄 수 있기 때문이기도 하다. 나는 극장에서 혼자 영화를 볼 때 그 영화에 온전히 집중할 수 있고 나만의 느낌으로 받아들일 수 있어서 좋다. 동행자의 눈치 안 보고 울 수도 있고 재미없으면 조용히 퇴장할 수도 있고 팝콘도 독차지할 수 있어 행복하다. 물론 극장에서 혼자 팝콘을 우적우적 먹으며 갑자기 키득거리거나 눈물을 흘리는 할머니를 바라보는 시선이 곱지는 않다. 그럴 때마다 '고독이 세상에서 가장 큰 사치'라고 주장한 헨리 데이비드 소로우의《고독의 즐거움》을 펼쳐 든다.

나는 혼자가 좋다. 고독만큼 마음 맞는 친구를 만나 본 적이 없다. 우리는 방 안에 혼자 있을 때보다 바깥에서 사람 속에 있을 때 더욱 고독을 느낀다. 어디에 있든 생각을 하거나 일을 할 때는 늘 혼자가 좋다.

결국 혼자서 죽음을 맞이할 때 조금 더 의연하기 위해서도 중년들의 필수 교과목에 '나만의 공간', '고독한 시간' 등을 첨가했으면 좋겠다. 고독한 시간을 자주 가지면 나도 조금은 우아해질 수 있을까. 다음 생을 기대해 보자….

Precious

소중한

때때로 인생의
가장 소중한 존재를 떠올려 보라

'고양이 작가'로 해외에서도 잘 알려진 이경미 화백의 그림에는 고양이가 자주, 아니 대부분 등장한다. 이 화백이 그린 고양이는 세계 곳곳의 풍경 속에 다양한 포즈를 짓고 있고 우주복 등 주제에 따라 의상도 자주 바뀐다. 용인에 있는 이 화백의 작업실에서 작품들을 둘러보며 왜 이토록 고양이에 집착하느냐고 물으니, 그는 자신에게 '가장 소중한 존재'이기 때문이라고 답했다.

"제가 가장 외로운 순간에 새끼 고양이 나나를 만났습니다. 가장 고통스러운 순간마다 고양이를 그렸죠. 가장 아름답던 순간마다 고양이와 함께했고요. 힘들게 아르바이트해서 번 돈을 고양이의 수술비에 쓰고 대학 시절 과제도 고양이만 그리니 교수님들도 '왜 고양이냐'고 의아해했어요. 그런데 아무리 생각해도 그때나 지금이나 제 인생에 고통을 나누고 기쁨을 주는 소중한 존재가 고양이더군요."

고양이는 이 화백이 더 슬퍼지기 전에 삶을 향해 전진해 예술가로 당당히 서게 한 동반자이자 뮤즈였다.

그를 만나고 돌아오는 길에 내게 가장 소중한 존재, 혹은 소중한 가치는 무엇일까 생각해 봤다.

코로나 시기에 집에서 시간을 많이 보내면서 책, 옷, 상장, 임명장들을 정리했다. 다 의미와 추억이 있지만 기꺼이 버렸다. 아직 보관하고 있는 중학교 1학년 때부터 쓴 일기장도 태워 버릴 예정이다.

나는 주의 산만해서 수시로 많은 물건들을 잃어버린다. 잠시 속상하지만 금방 포기한다. 김포공항 국내선 화장실에서 손 씻다 결혼반지를 빼놓고 온 적이 있다. 다이아몬드 반지라 경찰에 신고했고 기적적으로 찾았지만 못 찾았더라도 아깝거나 속이 쓰릴 것 같지는 않았다. 결혼의 의미는 반지로 좌우되지 않음을 알기 때문이다.

인생에서 가장 소중한 기억 하나

나는 한 가지 연구에 평생을 건 학자나 예술가도 아니고 '정의 구현', '환경보호' 등에 헌신하는 운동가도 아니다. 그런데 나의 최후의 순간까지 함께하고 싶거나 간직하고 싶은 것, 혹은 나를 지탱하는 힘이 무엇인가를 꼽으라면 지금은 돌아가신 엄마와 유일한 자식인 내 딸이 내게 보여 준 '사랑'이다.

엄마는 6남매 자식 중 가장 부실한 막내딸에게 "넌 잘될 거야, 잘 살았는지 못 살았는지는 무덤 앞에서 판단이 나니 계속 살아

가라" 하고 용기를 주셨고, 치매로 내가 딸인 걸 잊으셨을 때도 내 손을 잡으며 "참 좋은 사람"이라고 말씀하셔서 죄책감을 덜어 주셨다. 내 딸은 내가 풍선처럼 붕 떠 있을 때는 끈을 잡아당겨 땅에 발을 딛게 해 주고 내가 깊은 우물에 빠져 있을 때는 용기를 주는 말로 끌어올린다. 덕분에 나는 휘청거리긴 하지만 아직 쓰러지지 않고 있다.

고레에다 히로카즈 감독이 1999년에 만든 〈원더풀 라이프〉는 "영원히 머물고 싶은 순간, 저승에까지 가져가고 싶은 소중한 가치가 당신의 인생에 있습니까?"라는 질문을 던지는 영화다.

줄거리는 간단하다. 사람이 죽으면 천국(혹은 저승)으로 가기 전에 '림보'라는 중간역에서 일주일을 머문다. 그 7일 동안 자기 인생에서 가장 소중한 기억 하나를 골라야 한다. 그 기억을 림보의 직원들이 짧은 영화로 재현해 죽은 자들을 영원으로 인도한다. 그러나 소중한 기억을 선택하지 못하면 천국에 못 가고 림보에 남아 직원이 되어 죽어 림보에 온 이들에게 "당신의 인생에 가장 소중한 기억은 무엇인가요"란 질문을 끝없이 던져야 한다.

70여 년을 산 노인도 "하나도 기억나는 게 없다"며 자신의 삶을 기록한 비디오테이프를 돌려 본다. 그 남성은 결국 아내가 병으로 죽기 전에 처음으로 아내가 좋아하는 영화를 극장에서 함께 본 것을 소중한 기억으로 선택한다. 어린 소녀나 치매 걸린 할머니나 남녀노소에 상관없이 그들이 천국까지 함께하고 싶은 기억은 찬란한 부와 명예를 누린 순간이 아니라 아주 소소한 것들이었다. 유난히 자기를 예뻐해 줬던 오빠가 사 준 빨간 원피스를 입고 마을 축제에서 춤춘 기억, 엄마의 무릎을 베고 낮잠을 자다 설핏 깨었을 때 엄마가 자신을 바라보던 사랑 가득한 눈빛 등등….

너무 사소해 놓쳐 버린 것들

일상생활에서 우리는 소중한 가치를 거의 의식하지 못한다. 혹은 허상을 보고 그걸 소중하다고 착각한다.

대기업의 홍보 담당 임원으로 일하다 퇴직한 50대 중반의 남성은 "만약에 시간을 되돌릴 수 있다면 남들이 소중하다고 여기는 것이 아닌 진정한 내 삶의 소중한 것을 챙기고 싶다"고 했다.

"직장 다닐 때는 왜 일이나 상사의 요구가 전부라고 생각했을까요. 가족에게 더 나은 생활을 하게 해 주겠다며 야근에 회식, 출장을 다니느라 정작 아이들이 크는 모습을 제대로 보지 못했어요. 열심히 일해 승진도 하고 월급도 많이 가져다주는 게 중요하다고 여겼고요. 예전엔 거래처 접대를 많이 하잖아요. 술 마시고 고스톱을 쳐 주고…. 그럴 때 집에서 걸려 오는 전화는 안 받았어요. 어느 날 밤늦도록 접대하며 전화를 무음으로 해 뒀는데 나중에 확인해 보니 집사람이 갑자기 뇌졸중으로 쓰러져 구급차로 병원에 갔다는 거예요. 다행히 아들이 조치를 잘해 큰 후유증은 없지만 한동안 아내와 자식들이 저를 피하더군요."

명예퇴직 후 속죄하는 마음으로 아내와 크루즈 여행도 다니고 아이들과 시간을 많이 가지려고 하지만, 아직도 자신을 손님처럼 서먹서먹하게 여기는 것 같다고 씁쓸해했다.

소중함의 가치는 내 손에 쥐고 있을 때가 아니라 놓쳤을 때 더 강하게 느껴진다. 가족이나 친구가 떠났을 때, 혹은 어떤 물건을 잃어버렸을 때, 그리고 늘 갖고 있거나 당연하다고 여겼던 것들이 사라졌을 때 가슴 뻐근하게 느껴진다.

가짜를 얻기 위해 진짜 시간과 땀을 투자하지 않도록

평소에 글이나 말씀으로 '어릴 때 감기에 걸려 열이 나서 누워 있을 때 내 이마를 짚어 주시던 어머니의 서늘한 손의 느낌'을 기억한다고 했던 이어령 박사는 생전의 인터뷰에서 "죽음은 신나게 놀고 있는데 어머니가 '그만 놀고 들어오라'는 소리와 같다"고 했다. 김지수 기자와 나눈 대화《이어령의 마지막 수업》에서 뒤늦게 깨달은 생의 진실도 말씀하셨다.

모든 게 선물이었다는 거다. 내 집도 내 자녀도 내 책도 내 지성도 분명히 내 것인 줄 알았는데 다 선물이었다. 어린 시절 아버지에게 처음 받았던 가방, 알코올 냄새가 나던 지우개처럼, 내가 울면 다가와서 등을 두드려 주던 어른들처럼… 우주에서 선물로 받은 이 생명처럼, 내가 내 힘으로 이뤘다고 생각한 게 다 선물이더라.

이어령 선생처럼 죽음을 마주하기 전에 우리는 내 인생에 의미를 준 경험, 혹은 가치 있는 것들을 자주 꺼내 놓아야 한다. 그렇게 수시로 내가 무엇을 소중히 여기고 있는지 확인하면 지지부진한 삶에 매몰되지 않는다.

류시화 시인도 《내가 생각한 인생이 아니야》에서 이런 글을 남겼다.

우리가 이 세상을 떠나면 천사가 차가운 날개로 우리의 얼굴을 후려친다고 한다. 우리가 잊어버린 소중한 기억들을 되찾게 하기 위해서. 당신은 천사의 날개에 얼굴을 얻어맞고 무슨 기억을 떠올릴 것인가?

내가 아는 중년 여성은 늘 비슷한 디자인에 수묵화 같은 무채색의 옷을 즐겨 입는다. 화장도 거의 안 한다. 분명히 직장 생활을 하는데 그는 언제나 숨은 그림같이 존재감을 감춘다. 평소에 튀는 색깔의 옷에 요란한 액세서리를 착용하는 나는 그의 밋밋함과 단조로움이 너무 궁금했다.

"저는 남들의 눈에 띄는 것, 주목받는 것을 싫어해요. 사회생활을 하면서 다른 이들에게 너무 많이 물들어 가거나 의도치 않게 제 내면이 드러날 때 불편해요. 그래서 가능한 한 조용히 지내고 싶어요. 그래야 제가 저를 잘 보전할 수 있고 내면의 평화를 누리거든요. 그래도 타인을 잘 관찰하고 남들 이야기도 경청해요."

그이의 소중한 가치는 타인에 의해 손상되지 않은 자신의 원형질인 듯했다.

모파상의 소설 《목걸이》는 1884년 발표된 작품이지만 지금 읽어도 진부하지 않다. 주인공 마틸다는 파티에 참석해 남들에게 아름답다는 찬사를 받고 주목받고 싶어 친구의 다이아몬드 목걸이를 빌린다. 그런데 그 목걸이를 잃어버려 비슷한 목걸이를 사서 돌려주느라 큰 빚을 진다. 빚을 갚기 위해 밤낮없이 일하는데 심지어 하녀 일까지 하며 10년을 고생한다. 나중에 친구에게 그 사실을 털어놓자 "그 목걸이는 가짜였다"고 말한다.

우리의 가짜 다이아몬드 목걸이는 얼마나 많은가. 명품 가방, 골프 회원권, 슈퍼카, 수억 원을 투자한 전신 성형, "여기 살아요"를 말하기 위해 영혼을 끌어모아 산 강남아파트, 인스타그램에 올리려고 한 달 치 용돈을 투자한 호캉스, 그리고 가짜 학위나 학벌…. 그런 가짜를 위해 사람들은 여전히 많은 진짜 시간과 땀을 흘리고 있다. 가족과의 소중한 대화, 소박하지만 영혼에 울림을 주는 식탁 등 일상의 소중함을 잊고 가짜 가치에 휘둘리다 회한에

떨며 자신을 원망한다.

만약 삶이 5분밖에 남아 있지 않다면

러시아의 문호 도스토예프스키는 27세에 반체제 인사로 지목되어 8개월간 옥살이를 했다. 그리고 1849년 12월 22일 영하 50도에 가까운 혹독한 추위에 연병장에 끌려 나가 교수대에 올라 사형집행을 당하게 됐다. 사제 한 명이 다가오자 그는 5분 정도 후면 죽을 것이란 걸 직감했다.

그는 우선 동료들과의 작별에 2분, 이 세상을 떠나기 전에 자기 자신의 일을 생각하는 데 2분, 그리고 마지막 세상 풍경이 될 주위의 광경을 보는 데 남은 1분을 썼다. 그는 결국 우리의 인생도 이 5분의 연속이란 깨달음을 얻었다. 그는 그 5분이 끝없는 시간의 확장, 거대한 재산처럼 여겨졌다고 했다. 만약 우리 삶에 5분만 남아 있다면 죽음에 대한 공포에 휩쓸리지 않고 충실한 생활을 할 수 있으리란 느낌이 들었단다.

만일 내가 죽지 않는다면 어떨까. 만일 생명을 되찾게 된다면 어떨까. 그것은 얼마나 무한한 것이 될까. 그리고 그 무한한 시간이 완전히 내 것이 된다면, 그렇게 된다면 나는 1분의 1초를 100년으로 연장해 그 어느 하나도 잃어버리지 않을 거다. 그리고 그

1분 1초를 정확하게 계산해서 한순간도 헛되이 낭비하지 않을 것이다.

사형 집행은 정지됐지만 그 후 4년간의 지옥 같은 감옥 생활에서 그는 인간의 이중성, 악한 자와 선한 자, 죄와 벌에 대해 성찰했다.

도스토예프스키는 광적인 도박 중독자, 뇌전증 환자에 변태성욕자이고 질투심이 강한 음산한 성격의 소유자로 알려졌다. 도스토예프스키 전문가이자 고려대 노어노문학과 석영중 교수가 쓴 《도스토예프스키, 돈을 위해 펜을 들다》란 책을 보면 그가 얼마나 속물적이며 돈의 노예였는지 알 수 있다. 그러나 그가 청년 시절에 체험한 5분, 그를 완전히 연소시킨 5분의 가치가 그가 쓴 책의 단어나 문자 하나에도 영원성을 부여해 지금도 세계적인 문호로 추앙받고 있다.

평범한 우리도 하루 5분 만이라도 내게 가장 소중한 것, 나를 소중하게 만들어 주는 것을 생각하고 누릴 시간은 충분하다. 우리에게 마지막 5분이 허용된다면 당신은 무얼 떠올릴 것인가. 아니 우리 삶의 마지막에 우리가 가슴이나 손에 쥐고 있을 것들은 무엇인가….

Polite

정중한

남에게는 겸손하게
나에게는 친절하게 대하라

어른들은 '꼰대'로 판정당하면 몹시 억울해한다. 마치 자신은 죄를 지었는지도 몰랐는데 지명 수배자로 몰린 느낌이란다.

한 여론조사에 따르면 직장인들이 꼽은 최악의 꼰대 유형으로 '자기의 경험이 전부인 양 충고하며 가르치는 유형'이 1위를 차지했고, 그다음이 '본인의 답을 강요하거나 상명하복을 강요하는 유형'이었다. 꼰대 관련한 칼럼을 쓴 동아일보 최고야 기자는 "꼰대에게 부족한 치명적 한 가지는 지적 겸손"이라고 지적했다. '지적 겸손'이란 내가 완벽하게 알고 있는 것이 아니기 때문에 내 생각이 틀릴 수 있다는 것을 '아는 것'이라고 한다. 인정하기 싫지만, 온몸으로 부인하고 싶지만 나는 꼰대다. 생각해 보니 내가 모른다고 하면 무시당할까 봐, 혹은 내가 가진 자산이 오래전에 비축해 둔 고정관념과 옛날 정보이기 때문에 허세를 떨었던 것 같다.

지적 겸손을 되찾는 길은 새로운 지식과 정보를 얻는 것이 아니라 '오직 모를 뿐'이라는 화두를 새기며 혀를 깨물고 입을 꼭 닫는 것이다. 오랜 경험상 진짜 많이 아는 사람은 자기가 모르는 것이 얼마나 많은지 아는 사람이다.

지적 겸손이 몸에 배도록 하자

정운찬 전 총리(현 동반성장연구소 이사장)와는 서울대 총장 시절에 인터뷰를 한 인연이 이어지고 있다. 난 경제학이나 정치엔 문외한이라 잘 모르지만 그가 매우 겸손한 어른임은 안다. 그는 후배 교수는 물론 단골 식당의 주인, 어린 학생 등 누구에게든 깍듯하게 경어체를 쓴다. 적어도 내 앞에서는 그랬다.

20년이 지난 지금도 정운찬 총리는 내게 절대 반말을 쓰지 않는다. 대한민국 최고의 학력(경기고, 서울대 경제학과, 프린스턴대 박사)과 이력(서울대 총장, 국무총리, KBO 총재)을 자랑하는 그에게 감동받은 것은 누군가의 질문에 "그 분야는 제가 잘 모릅니다"라고 정중하게 답한 순간이었다. 몇 년 후에 "서울대 총장이 '난 잘 모른다'고 인정하셔서 오히려 멋져 보였어요"라고 했더니 "정말 모르는 문제라 솔직하게 말했을 뿐"이라고 했다. 그의 미덕은 겸손이다.

하지만 여전히 동창회건 식당이건 어르신들이 모인 자리에서 가장 자주 들리는 말은 "그게 아니지", "내 말이 맞다니까", "참, 그건 내가 잘 안다고" 등이다. 모두 자신의 생각, 지식, 그리고 옛 경험이 옳고 정답이라고 큰 소리로 떠든다. 그 가운데 어느 한 사람이 "그건 내가 잘 모르겠네"라거나 "내가 잘못 알고 있었군"이라고 말하면 고개를 돌려 얼굴을 확인하고 싶어진다. 고구마를 몇 개 먹다가 사이다를 마신 듯 청량감이 느껴져서다.

왜 노인들은 화를 낼까. 나이가 들면 당연히 대우받고 더 나은 대접받고 싶다고 억지 주장을 펼치는 것이 분노로 표출되어서다. 다른 이들이 내게 없는 지식이나 잠재적 능력이 있음을 인정하고 내가 진실이라고 확신했던 것이 시대가 달라져 틀릴 수도 있다는 것을 받아들이면 지적 겸손이 찾아온다. 고집불통의 졸렬한 노인으로 늙어 가지 않으려면 내가 모를 수도 있음을 인정해야 한다.

그런데 나부터 그게 참 힘들다. 나는 60여 년을 살면서 너무나 많은 것을 보고 듣고 체험했다. 엉터리 기자여서 깊이 없고 살얼음판처럼 얇아도 강처럼 넓게 많이 안다. 머리는 나쁘지만 기억력, 특히 기명력이 좋아서 제3공화국의 정치인들, 러시아 작가부터 모나코 왕실의 왕족 이름까지 척척 말한다. 그래서 나도 모르게 "그건 내가 알아"라거나 "그때는 그랬지", "그 사람이 무명 시절엔…" 등을 늘어놓았다. 얼마나 부끄러운지 과거사를 다 지우고 싶다.

요즘은 누가 아는 척을 하면 반박을 하기 전에 휴대폰으로 검색하는 세상이라 조심한다. 그리고 "네 이야기를 들어 보니 내가 잘못 생각했나 보다"라고 인정하거나 "정말 새로운 분야구나. 더 설명해 줘"라고 말하기도 한다. 어른이니까 다 알아야 한다는 편견, 내 신념이 옳다고 믿었던 관습을 벗어 버리니 몸과 마음이 가볍다.

다른 사람이나 환경에 개방적이 되고 호기심을 갖는 것이 지적 겸손이다. 아는 척을 하기보다 모르는 척을 하는 것이 훨씬 내게 유리하다는 것을 알겠다. 이게 지혜인지 노회함인지는 모르지만 말이다.

겸손은 하루아침에 만들어질 수가 없다. 어릴 때부터 교육받고 몸에 배도록 습관화하고 인성도 갖춰야 한다. 그리고 나이 들어서도 낯선 분야에 도전하듯 겸손이란 세상에 온몸을 담가 봐야 한다.

JYP의 수장 박진영 씨는 최근에 거의 교육가로 변신한 듯하다. 그가 소속사의 어린 후배들에게 전하는 말을 들었다.

"겸손은 마음속의 겸손이 중요해. 겸손은 보험이야. 겸손하지 않아도 성공은 가능해. 그런데 위기가 닥칠 때 주변 사람의 도움이 필요하거든. (그분들의 도움을 받으려면) 실력이 중요한 게 아니라 성실하게 살아가는 그 마음, 겸손한 자세가 중요한 거야."

그의 인터뷰 기사에 누군가 "그는 아이돌이 아니라 '사람'을 만든다"라는 댓글을 남겼다. 나도 공감한다.

우리는 왜 종종 무례해질까

지적인 겸손과 더불어 나이 들수록 우리가 익혀야 할 것은 친절함이다. 친절함은 타인에 대한 존중의 마음에서 느껴진다.

나는 다른 사람(남편을 포함해서)에게 사랑받기보다 존중받고 싶다. 대부분의 사랑은 타인을 사랑하는 자기 모습이나 상태를 사랑하는 경우가 많다. 반면에 존중은 상대의 의견이나 취향을 배려해 주고 한 인격체로 예의를 갖춰 대하는 것으로 생각한다.

하루에 뽀뽀를 백번하고 명품을 선물하면서 정작 상스러운 말을 늘어놓거나 무조건 자기주장을 따르지 않으면 괴물로 변하는 배우자보다는 상대의 기분이나 몸의 컨디션을 물어보고 싫어하는 것은 강요하지 않는 사람이 낫다.

미국 토크쇼에 출연한 결혼 82년 차 부부에게 해로 비결과 함께 젊은 커플에게 들려줄 조언을 부탁했더니 오래 살아 비슷해진 얼굴의 노부부는 "서로에게 친절하세요"라고 답했다.

기자 시절에 언론에서 높이 평가받던 이들을 인터뷰하면서 환상이 깨지는 경우가 많았다. 대부분은 기자와 공적인 인터뷰를 할 때는 최상의 모습을 보이려고 하고 그것에 매우 익숙한 이들이었다. 그러나 직원, 혹은 식당의 종업원들을 대할 때 언뜻 비치는 그들의 무례함, 야만성 등을 목도했다. 비서나 운전기사에게 이름이나 직함이 아니라 "어이"나 "야"라고 하거나 종업원의 사소한 실수에 불같이 화를 내는 명사들도 있었다.

나는 남대문, 동대문 등 시장을 자주 간다. TV에 나와 내 얼굴을 아는 분들이 "아유, 잘 보고 있어요" 등의 인사를 하면 나도 웃으며 감사 인사를 드린다. 그런데 얼마 전 시장에서 옷을 고르고 있는데 생전 처음 보는 아주머니가 내 등을 탁 치면서 "아유, TV에 나오면 돈도 잘 벌 텐데 왜 싸구려를 사 입어? 근데 TV엔 크게 나오더니만 실물은 엄청 작네"라고 말했다. 그분의 손힘이 너무 센 것도 충격이었지만 초면에 반말로 지적 세례를 받으니 얼떨떨했다. 싸구려를 좋아하는 것도, 체구가 작은 것도 사실이지만 유쾌하지는 않았다.

나이가 들면 어린 사람, 아랫사람을 하대해도 된다는 면허증이 발급되는 것으로 착각하는 이들이 많다. 그래서 아마 '나이가 깡패', '노슬아치(노인이 무슨 벼슬아치처럼 군다는 뜻)'란 말이 나온 것같다. 젊은이들의 무례함은 치기로 여겨지지만, 나이 들어서 경박한 언어나 행동을 하면 피하고 싶어진다.

손수건을 건넬 줄 아는 어른

〈인턴〉이란 영화에서 70대의 인턴사원 로버트 드 니로(벤 휘태커 역)를 발견하고 좋은 어른이 전하는 선한 영향력에 마음이 따뜻해졌다. 자기 나이의 절반도 안 되는 여사장 쥴스(앤 헤서웨이 분)에게 부하 직원으로서의 예의를 갖추는 것은 물론, 그가 자존감이 낮아질 때 "1년 반 전에 혼자 창업해서 직원 220명의 회사로 키운 게 누군지 잊지 말아요"라고 다독여 준다. 또 남편의 외도에 상심해 눈물을 흘리는 쥴스에게 손수건을 건네며 "손수건은 상대방에게 빌려주기 위한 겁니다"라는 명대사도 남겼다.

기업의 임원을 지낸 경력에 상관없이 진짜 인턴답게 책상에 잔

뜩 쌓인 물건을 정리하거나 운전기사도 아니지만 대신 운전해 주는 등 궂은일도 마다하지 않는다. 너무 이상적인 어른이라 여자 감독 낸시 마이어스가 꿈꾸는 허구의 남성이라는 비난을 받기도 했다.

나는 최근에 내 인생에서 최고의 찬사를 들었다. 30개월 된 손자로부터다. 손자에게 "할머니는 어떤 사람이에요?"라고 물었더니 방글방글 웃으며 "다정한 사람이에요"라고 말했다. 손자는 다정함의 정확한 의미를 모르겠지만 아마도 내가 그 아이에게 상냥하고 친절하게 대해서가 아닐까.

딸을 키울 때는 나도 초보 엄마였고 딸에 대한 책임이나 미안함이 가득했다. 내가 해 주고 싶은 것을 해 주느라 정작 딸이 원하는 것, 딸의 속마음을 헤아리는 데는 서툴렀다. 손자는 그런 시행착오를 겪지 않으려고 "어떤 동화책을 읽어 줄까요?", "뭐 먹고 싶어요?" 등을 친절하게 물어본다. 물론 딸 몰래 과자를 주기도 하고 인스턴트식품을 먹여 혼나기도 하지만, 존경스럽고 훌륭한 어른의 모습보다 언젠가 상처받은 그 아이가 달려와 안길 수 있는 넉넉한 품의 할머니가 되고 싶다.

'친절은 상담료를 받지 않는 심리치료'라는 말도 있다. 아름다운 노후를 준비하는 수업 중 하나도 친절이라고 생각한다. 세상과 소통하고 누구와도 좋은 관계를 유지하려면 카리스마나 이력서로 되지 않는다. 그 친절은 번드르르한 말로 표현되지 않는다.

자신에게 친절하고 다정하게 대하기

자녀들이 어머니와는 좋은 관계를 유지하는데 아버지와는 점점 거리가 멀어지고 대화조차 어색해지는 이유는 아버지들이 자녀에게 친절함이나 다정함을 표현할 줄 모르기 때문이다. 20세기에 태어났지만 19세기 가치관을 가진 중장년 남성들은 큰 바위 얼굴처럼 존재하면 된다고 착각한다. 그래서 나이 들면 저절로 외로움과 고독이란 벼랑에 내몰린다.

"아버지는 단 한 번도 내 심기를 살피거나 내가 실패했을 때 위로의 말을 건넨 적도 없어요. 엄격하고 근엄한 표정만 지으셔서 말을 걸기도 싫었어요. 둘만 남겨지면 너무 어색해서 서로 다른 곳만 바라보게 되고 그래서 그 자리를 피하고 싶었죠. 몇 년 전 돌아가셨는데 지금 생각하면 얼마나 고독하셨을까 안타깝죠."

50대의 공무원은 아버지의 전철을 밟기 싫어서 자녀들의 이야기를 경청하고, 가족이 외식할 때 순댓국이나 감자탕을 먹고 싶어도 아이들의 의견을 존중해 파스타를 먹는다. 덕분에 여자 후배들에게 꼰대 취급은 안 받는다고 웃었다.

요즘 나의 노후 준비는 재테크나 취미활동보다 '나에게 친절하고 다정하게 대하기'다. 나한테 "인경 씨, 오늘도 기분 좋게 시작해 볼까요?"라고 존댓말을 하고 "피곤한데 좀 쉬시죠"라고 심기를 살피며 나를 상사 대접해 준다.

올해 90세가 된 일본 할머니 타라 미치코는 자신의 일상, 밥해 먹고 청소하고 집 안 정리하는 모습을 유튜브에 소개하는 '할머니 유튜버'다. 고교생인 손자가 할머니의 일상을 찍어 영상으로 올린다.

최근에 《무미건조한 오트밀에 레몬식초 2큰술을 더한 하루》라는 책을 펴냈다. 책을 보니 그는 자녀들을 독립시키고 8년 전 남편과 사별한 후 혼자 사는 독거노인이다. 그는 대부분 혼자 식사하는데 혼자 먹을 때도 예쁜 그릇에 네다섯 가지 정도의 반찬과 밥과 국을 차려 먹는다. 책에 소개된 점심 메뉴도 화려하다. 시금치 깻가루 무침, 전갱이 초절임, 마요네즈 양배추찜, 무말랭이 조림 등이다. 조금씩 어울리는 접시에 담아서 눈도 즐겁게 만든다. 자신에 대한 친절함이 느껴진다. 그 책을 읽고 장식장에 모셔 뒀던 예쁜 찻잔을 꺼내 커피를 마시고 멀쩡한 접시에 반찬을 담기 시작했다.

자신에게 미안하거나 억울하지 않게 하는 것이 친절이다. '친절은 가장 확실한 종교'라고 강조하던 달라이 라마의 말을 매일 떠올린다. '남에게는 겸손하게, 나에게는 친절하게' 이 모토로 하루하루 늙어 가는 것도 나쁘지 않다.

Provide

제공하다

넉넉한 것이 마음뿐이라도 나눠라

나는 독서 취향이 좀 조숙한(?) 편이다. 30대 초부터 키케로의 《노년에 대하여》나 시몬 드 보부아르의 《노년》, 프랑스 역사학자 조르주 미누아의 《노년의 역사》 등을 읽었다. 선행학습을 한 탓인지 조로한 느낌이다. 당시엔 너무 먼 이야기 같았는데 요즘 다시 읽으니 뼈에 사무친다.

《노년에 대하여》에서 키케로는 철학자 카토의 입을 빌려 청년 스키피오와 라일리우스의 질문에 답한다.

확언하건대 노년의 가장 적절한 무기는 덕을 갖추는 것인데 덕이 인생의 모든 시기에 연마된다면 오랜 시간을 산 후에는 놀랄 만한 열매를 맺지. 왜냐하면 덕은 인생의 마지막 시기에조차도 자네들을 결코 포기하지 않으며 사실 이때에야 최상의 상태에 이르기 때문이라네. 더욱이 훌륭히 보낸 인생에 대한 느낌과 많은 훌륭한 행위들에 대한 회상은 매우 유쾌한 것이지.

타인에게 필요한 것이 무엇인지 아는 사람

'덕'과 '긍휼함'이란 단어에 가장 어울리는 내 주변의 얼굴은 우리 후배들에게 '베이비 보스'로 불리는 정현희 선배다. 누구에게 무엇이 필요한지를 인공지능 수준으로 잘 파악해서 물건, 사람, 방법, 해결책을 연결해 주는 커넥터다.

베이비 보스는 아픔을 겪는 이에게 위로의 말을 전하기 위해 제주도까지 찾아가고, 핵심 인물을 몰라 고민하는 이들에게 알맞은 인물을 소개해 주고, 누군가에게는 먹거리를, 또 다른 이에게는 명상법을 전해 준다. 청년들에게는 또래들과 공부 모임을 제안하거나 멘토를 만나게 해 준다. 그런데 그 과정이 물 흐르듯 너무 자연스럽다. 끝없이 꽃이 나오는 마법의 주머니를 가진 듯하다.

그런 인생의 선배를 볼 때마다 나도 잠시 옷깃을 여민다. 덕분에 때론 귀찮고 가끔은 '내가 너무 만만해 보이나?'라는 의심을 하면서도 내가 아는 정보나 인물을 알려 주고, 위로의 말이 필요한 이들에게는 손이라도 잡아 주려고 노력한다. 그게 나이 들어서 깨알만 한 덕이라도 쌓는 일임을 이제 안다.

사실 예전에는 알뜰살뜰 주변 사람들을 챙기고 베풀 정신적 물질적 여유가 없었다. 그런데 몇 년 전 한 선배가 준 선물을 받고 또 한 수 배웠다.

"전에 이 브로치 달고 나갔을 때 너무 마음에 들어 하기에 너 주려고 가져왔어. 나보다 너한테 잘 어울릴 것 같다. 지금 주면 선물이지만 내가 죽고 난 다음엔 선물이 아니라 '유품'이 되잖아."

그런 선배들을 흉내 내어 지인들과의 모임에 나갈 때마다 내가 가진 소품, 혹은 그들을 떠올리며 따로 구입한 물건을 챙겨 나간다. 신기하게도 내가 선물을 받을 때보다 누군가를 위해 선물을 고르고 그걸 받고 기뻐하는 이들의 표정을 볼 때 더 행복하다.

서로 복을 나누는 기쁨

아나운서 최은경 씨는 30여 년 전, 그가 진행하는 라디오에 출연하면서 인연을 맺었다. 내가 나이는 열네 살 많고 키는 16센티미터 작지만, 취향과 외모의 차이에도 불구하고 우리는 우정을 유지하고 있다.

은경 씨는 양말을 기워 신는 절약 정신을 실천하지는 않지만, 남들에게 나누거나 기부하는 것이 일상이다. 2023년 그는 '대한민국 착한 기부자 상' 시상식에서 국무총리 표창을 받았다. 10여 년 전부터 그는 자신의 애장품 바자회를 열어서 번 수익금과 자신의 수입 중 큰돈을 해마다 기부한다. 작년에 민화 작가인 친정어머니의 전시회 판매 금액도 전액 기부했단다. 이런 대단한 일을 생색도 내지 않고 한다. 몇몇 NGO에 한 달에 몇만 원씩 내면서 세금 공제가 가능한지 따지는 속물인 나는 조용하게 그러나 통 크게 기부하는 최은경 씨 앞에서 더더욱 작아만 진다.

재미 저널리스트 안희경 씨의 질문에 이해인 수녀가 답을 한 것을 모은 책《이해인의 말》에서 이해인 수녀도 서로 나누는 기쁨에 대해 말했다.

우리가 '복 많이 받으세요'라는 말을 쉽게 하지만 저는 이 복을 종교적 단어에 견줄 수 있다고 여겼어요. '복'이라는 단어는 제게 무척 정겹게 다가옵니다. 복희, 복자, 복순이… 이런 이름도 얼마나 사랑스럽습니까. '우리 모두 복을 주고받는 복덕방이 됩시다'라는 말을 문 앞에 써 놓았어요. 우리가 복을 줘서 덕을 쌓고 나누는 서로의 복덕방이 될 수 있다면 이 세상이 얼마나 아름다워지겠습니까.

나는 '복덕방'이란 말이 너무 아름다워서 친구들이나 지인들의 단톡방에 마구 퍼 날랐다. 수수료 없이 복과 덕을 나누는 복덕방!

남들에게 주는 이타적인 사람이 받는 것은

미국 와튼스쿨의 조직심리학 교수 애덤 그랜트가 쓴 베스트셀러《기브 앤 테이크》는 타인에게 베풀고 헌신하는 행위가 어떻게 성공으로 이어지는지 객관적으로 증명하는 내용이다. 그랜트 교수는 이 책에서 인간을 세 종류로 분류했다. 남들에게 주는 이타

적인 사람Giver, 항상 받기만 하는 이기적인 사람Taker, 그리고 남
들이 준 만큼만 돌려주는 사람Matcher이 그것이다.

캘리포니아 지역의 기술자 160명을 대상으로 세 종류의 사람
유형 가운데 누가 사회적으로 성공할까를 관찰했다. 남을 도와주
느라 자기 일의 성과가 늦은 기버Giver가 처음에는 뒤떨어진 듯했
지만 시간이 흐를수록 사회적 인정, 믿음과 지지를 얻으면서 결
국 승진도 하고 성공도 거둔 것으로 나타났다.

보통 사람들 사이에서도 결과는 비슷할 것이다. 지인들의 경조
사를 챙기고 작은 선물, 혹은 진심 어린 축하나 위로의 말이라도
전해 준 이들과는 인연이 지속된다. 반면에 타인의 호의나 선물
은 당연히 여기면서 차 한 잔 사지 않는 이들과는 점점 거리가 멀
어진다. 평소 가깝던 두 후배가 요즘은 안 만나는 것 같아 한 후배
에게 이유를 물었더니 이렇게 답했다.

"아유, 그 자식이 너무 짠돌이라서 짜증 나서 안 만나요. 내가
밥을 사면 커피라도 사거나, 두세 번 밥 사면 한 번은 자기가 사야
하잖아요. 그런데 너무 당연하게 얻어먹어요. 한번은 '네가 밥값
계산해'라니까 지갑을 두고 왔다더군요. 나이 드니 그런 친구 만
나면서 스트레스 받기 싫어 거리를 두는 중이에요."

너무 감사하게도 내 주변엔 테이커Taker보다 기버가 압도적으
로 많다. 물건이 아니라 시간, 혹은 도움을 줄 수 있는 정보를 나
누는 이들 덕분에 나의 노후는 활기차고 따뜻하다.

움켜진 손을 펴고 닫힌 마음을 열면

한의사 이경제 원장에게는 함부로 무슨 말을 못 한다. 궁금한 것을 묻거나 아프다고 하거나 심지어 맛집이나 어떤 분야의 전문가를 물어보면, 그 바쁜 사람이 "알아볼게요", "침을 놓아 드릴 테니 오세요", "그분 연락처 카톡으로 보냈어요"라고 즉시 답을 하거나 다음 날 물건을 보낸다. 내가 이 원장에게 열 손가락에 꼽히는 주요 인물도 아닐 테고 한의사이자 CEO로서 스케줄 표가 항상 빽빽한 사람이 매번 어떻게 이런 행동을 할 수 있는지 경이롭다. 그 이유를 인간관계 전문가이자 작가인 데일 카네기의 《생각이 사람을 바꾼다》란 책을 읽으며 알아냈다.

유쾌한 사람은 자기 일에만 몰두하는 사람이 아니다. 때론 자기의 일을 전부 제쳐 놓고 타인의 문제에 전력을 쏟는 열정이 있는 사람이다. 타인에게 자신의 힘을 나누어 주고 마음을 열어 주는 것은 자신의 삶을 행복하게 만드는 방법이다.

항상 받기만 해서 미안했는데 카네기 선생이 '주는 사람의 삶이 더 행복해진다'고 하니 덜 미안하긴 하다.

나는 한 달에 한 번 열리는 '라이프 스타일 스튜디오 켈리'의 장터(?)에 가곤 한다. 이곳엔 내가 좋아하는 먹거리뿐 아니라 그릇, 옷, 독특한 아이디어 상품 등이 가득해 물욕이 솟구치는 바람에 대부분 양손 무겁게 물건을 들고나오지만 한 번도 과소비(?)에 후회한 적이 없다. 켈리의 이정현 대표와 회원들이 전국을 꼼꼼하게 뒤져 구한 상품, 회원들이 직접 뜨개질한 가방이나 장신구 등을 합리적인 가격에 파는 데다 그 이익금을 모두 '성가정입양원'에 14년째 기부하고 있다. 이 대표는 "그곳에 자원봉사하러 가서 아이들을 돌보거나 목욕시키는 일을 했는데 나이가 드니 몸이 힘들어서 대신 우리 일을 해 줄 직원의 월급이라도 마련하려고 장터를 열었다"고 전한다. 미미한 금액이지만 나도 물건을 사서 원피스의 단추만큼은 간접 기부했다는 생각에 혼자 흐뭇해한다.

사실, 우리가 움켜쥔 손을 펴고 닫힌 마음을 열면 깜짝 놀랄 만큼 자신이 가진 것이 많다는 것을 알 수 있다. 물건, 지혜, 마음, 기도, 감사 등등. 내게는 소소하고 평범한 일이 누군가에겐 엄청난 선물이 될 수도 있다.

'수다방'이란 이름으로 잠시 블로그를 운영했을 때 인연으로 단톡방도 만들고 우리 집에서 밥도 먹는 모임이 있다. 그 멤버 가운데 임순 씨는 '자원봉사의 여왕'으로 불린다. 자신이 다니는 성당에서 이웃 어르신들을 위해 김장은 물론 다양한 반찬을 만들어 나누고 각종 봉사활동을 다닌다. 그 모임 이름이 '꽃대'란다. 항상 남들을 위해 따뜻한 마음과 솜씨를 나누니 60대에도 딱딱한 꼰대로 늙어 가지 않고 꽃대처럼 싱싱하다.

내가 만난 모든 사람이 행복해지기를

너무 일상적이라 '나눔'이란 말조차 어색하게 들리는 일이 뜻밖에 수많은 이들에게 커다란 선물이나 감동이 될 수도 있다.

유튜브에서 '랜선 아빠'로 불리는 미국의 중년 남성이 세계적으로 화제를 모았다. 미국 시애틀에 사는 60세인 롭 케니 씨는 2020년 4월에 〈아빠 이건 어떻게 해요?〉라는 유튜브 채널을 열었다. 일상에서 겪는 문제에 대해 아빠Dad가 자녀에게 조언Advice 해 주는 내용인데 구독자들은 그에게 '대드바이스Dadvice'라는 별명을 선물했다. 넥타이 매는 법, 면도 제대로 하는 법, 구두 닦는 법, 막힌 배관 뚫기 등등 평범한 일들을 알려 주는 콘텐츠에 두 달 만에 230만 명의 구독자들이 열광했다.

케니 씨는 14세 때 부모가 이혼해 형의 도움으로 성장했다. 아버지는 "자식은 필요 없다"고 그의 가슴에 대못을 박았다. 그는 동영상을 통해 어릴 때 아버지에게 배우지 못했던 것, 그래서 정말 아버지가 가르쳐 주기를 바랐던 것들을 가르쳐 주고 싶었단다. 아버지가 없거나 있어도 관계가 서먹한 아들, 혼자 아들을 키우는 어머니들이 그를 '랜선 아빠'로 받아들였다.

특히, 구독자들에게 가장 뜨거운 반응을 얻은 영상은 아들에게 "나는 네가 자랑스럽다"라고 말하는 내용이다. 아버지에게 "네가 참 자랑스럽구나"란 말을 못 들어 본 각 나라의 아들과 딸들이 펑펑 울면서 수만 개의 댓글을 달았다.

마더 테레사 수녀는 "가장 끔찍한 빈곤은 외로움과 사랑받지 못했다는 느낌이다"라고 말하면서 "당신을 만나는 모든 사람이 당신과 헤어질 때 더 나아지고 더 행복해질 수 있도록 하라. 기적은 우리가 어떤 일을 이루는 것이 아니라 어떤 일을 행복하게 하는 것"이라고 강조했다.

사람들의 이야기를 성의 있게 들어 주는 것도 '시간 나눔'이라고 생각한다. 시간은 돈으로도 환산할 수 없고 시간이 곧 생명이기도 하지만 나는 아주 바쁜 상황이 아니면 하소연을 잘 들어 주는 편이다. 아무런 질문이나 평가 없이 그저 이야기를 들어 주고 직접 만난 경우라면 고개를 끄덕여 주거나, 어깨를 다독여 준다. 전화로 대화할 경우 계속 들어 주고 있다는 것을 알려 주기 위해 "아, 그랬구나", "속상했겠다" 등의 추임새를 중간중간 전한다. 나는 그저 들어 주기만 했는데 상대방은 "덕분에 기분이 좋아졌어요"라고 한다.

물론 말처럼 쉬운 일은 아니다. 내가 좋아하는 사람을 상대가 흉본다거나 자신의 처지를 극도로 비관하는 우울증을 겪는 이들의 넋두리를 들어 주다 보면 내가 더 지치기도 한다. 하지만 사람들은 누구나 속마음을 털어놓을 항아리가 필요하다는 것을 알기에 그 시간을 일종의 '자원봉사'라고 생각한다. 나도 많은 이들의 자원봉사로 많은 위안을 얻었다. 인생은 기브 앤 테이크다.

Partner

동반자

사람들과 교류하고 소통하며
좋은 관계를 이어 가라

나는 복이 많다. 재복은 없지만 일복, 그리고 무엇보다 인복이 많다. 나이 들면서 사주팔자 풀이에도 나오지 않은 인복을 내가 발견했다. 그리고 도처에 나는 인복이 많다고 떠들고 다닌다.

젊었을 때는 나보다 잘나가는 친구들에 대한 부러움, 무심한 남편이나 이기적인 가족들에 대한 원망을 하며 "난 참 복도 지지리도 없지" 하며 혼자 꿍얼거렸다. 그런데 세월이 주는 선물처럼 내 주변에 너무나 많은 귀인과 천사들이 있음에 감사한다. 나이 들수록 내가 누리는 기쁨은 대부분 가족, 친구, 지인들에게서 받은 선물이라는 것을 깨닫는다. 물론 마음의 상처, 모멸감을 주는 것도 그들이기는 하지만, 내 감정의 비율로 나누면 90퍼센트가 기쁨이다.

오해가 이해로 바뀌어 가는 사이

미국의 작가이자 코미디언인 리타 러드너는 "난 결혼생활이 너무 좋다. 평생 괴롭히고 싶은 특별한 사람을 발견하는 것은 너무나 멋진 일이다"라고 했다. 난 리타가 내 일기를 훔쳐본 줄 알았다.

운 좋게도 나는 초등학교부터 대학 동창까지 친구들과 지속적으로 연락하며 지낸다. 우리는 같이 늙어 가면서 서로의 어린 시절과 청춘 시절을 떠올려 주고 맛있는 밥과 유쾌한 수다를 즐긴다. 자녀의 결혼식, 부모님의 장례식 등 경조사에 참여하며 따뜻한 마음을 나눈다.

물론 가족을 포함한 주변 사람들이 우리와 성격, 취향, 목표가 같지는 않다. 그래서 갈등도 있고 서로 오해도 한다. 나이가 들면서 가족들과도 소원해지고 친구들과의 만남도 줄어들고 전 직장의 동료와 만남을 피하는 이들도 많다. "맨날 자기 아들 자랑하는 그 자식 꼴 보기 싫어", "아직도 내가 신입 사원인 줄 알고 하대하는 선배를 왜 만나" 등 이유도 다양하다. 이런 이들에게 대문호 괴테의 지혜가 담긴 말을 전하고 싶다.

모든 진리는 각각 개성을 지닌 이들과 어울려 지내는 것이다. 오해를 두려워해서는 안 된다. 내가 하는 말을 타인이 완벽히 이해하는 것은 불가능하지만 오해가 있어도 관계가 이루어지는 것은 희망이다. 결국 절제를 지킨 자가 행복을 얻는다. 결점은 우정을 돈독하게도 한다. 서로의 단점을 용인하면서 우정은 더 깊어진다.

친밀한 교류와 소통은 105세도 춤추게 한다

내 곁에 있는 사람들에 따라 내 삶의 질과 건강이 얼마나 영향을 받는지는 별만큼 많은 사례와 각종 연구가 입증한다.

영국 서리대 연구팀은 사회적 고립과 몸의 염증 사이의 연관조사를 한 결과 외로움이 체내 염증과 치매를 키운다고 밝혔다. 미국 플로리다 주립대 의대 연구팀도 50세 이상 남녀 1만 명을 10년간 추적 연구한 결과 평소 외로움을 크게 느끼는 사람이 치매 위험이 40퍼센트 증가했다고 했다.

미국의 오지 탐사전문가이자 장수 연구가인 댄 뷰트너는 30여 년에 걸쳐 세계의 장수촌을 찾아서 《블루존》이란 책과 다큐멘터리를 제작했다. 지구촌 5대 장수 지역은 이탈리아의 사르데냐, 일본의 오키나와, 코스타리카의 니코야, 그리스의 이카리아, 그리고 미국 캘리포니아 로마린다 등이다.

그가 만든 넷플릭스 다큐멘터리 시리즈 〈100세까지 살기: 블루존의 비밀〉에서는 105세에도 신나게 춤추는 할머니, 말을 타는 100세의 목동 등이 소개됐다. 국적도 인종도 다른 이 블루존 사람들의 장수 비결을 뷰트너 박사는 '가족이나 이웃과 친밀한 교류와 소통'이라고 말한다.

블루존에는 요양원이 없는데 이웃들이 번갈아 가면서 노인 환자를 돌보기 때문이다. 그리스 이카리아는 치매 환자가 없다. 자급자족한 자연식으로 식사를 하고 14세에서 94세까지의 주민들이 수시로 파티를 하며 밤새 웃으며 춤을 춘다. 각 가정에서도 할아버지는 손주의 수학 공부를 도와주고 손주는 할아버지에게 스마트폰 사용법을 알려 주며 서로를 존중한다.

지인들과의 열렬한 교류는 장수만이 아니라 삶의 의미와 열정을 일깨워 준다. 프랑스의 작가 조르주 상드는 평생 거의 매일 편지를 썼다. 상드의 연구자인 조르주 뤼뱅은 상드가 2,000여 명의 사람들과 주고받은 4,5만 통의 편지 가운데 남아 있는 1만 8,000통의 편지를 선별해 《편지》라는 책을 펴냈다. 국내에서는 외국어대 이재희 교수가 이를 추려 총 6권의 책으로 출간했다.

상드는 피아니스트 쇼팽과의 사랑도 유명하지만, 구스타브 플로베르, 알렉상드르 뒤마 피스, 빅토르 위고 등 당대의 대문호는 물론 사업가, 출판업자, 음악가, 정치가 등과 편지로 인연을 이어가고 소통했다. 덕분에 이 책을 읽으면 19세기 프랑스나 유럽의 문화를 잘 살펴볼 수 있다.

그는 외국 여행을 하면서도 친구들을 위로하고 자존심을 세워주고 그들의 업적을 찬양해 준다. 그래서 친구들은 상드가 병이나 궁핍함, 다른 이들과의 오해로 고통을 받고 있을 때 받은 만큼의 애정으로 그를 다시 일어나게 해 주는 편지를 보냈다. 속물근성에 찌든 나는 수만 통의 편지지(대부분 매우 길게 썼다)와 우푯값도 궁금했지만… 아무튼 말년까지 상드가 수많은 글을 쓴 힘은 친구들과의 우정 덕분이라는 깨달음을 얻었다.

기회는 언제나 사람에게서 온다

미국 파슨스더뉴스쿨의 교수 론다 개어릭이 쓴 패션계의 전설 코코 샤넬의 전기 《코코 샤넬: 세기의 아이콘》을 읽고, 샤넬이 패션디자인의 천재이기도 하지만 '파트너십'의 대가임을 발견했다.

샤넬의 세계적 중요성에서 핵심은 이런 '친밀한 관계'에 놓여 있다. 그녀는 가까운 이들에게서 사회적 지위나 육체적 우아함, 재능이나 스타일 등 가장 멋있어 보이는 건 전부 집어삼켜 자신의 것으로 만들겠다는 유례없이 격렬한 갈망, 거의 흡혈귀 같은 욕망을 품고 타인에게 접근했다. (…중략…) 그녀는 서로 엄청나게 다른 창조적 모델들을 포착하고 모방한 다음, 자기 자신을 변화시켜 타인이 모방하는 모델이 될 수 있었다. 단언컨대 샤넬은 20세기에 여성이 가장 많이 모방한 사람이었을 것이다.

샤넬은 주변인의 재능을 빼앗기만 한 것이 아니라 서로 연결해주고 경제적, 정서적 지원도 아끼지 않았다. 세상에 공짜는 없다.

《군주론》을 쓴 마키아벨리는 《로마사 논고》 등의 저서에서 박복한 처지의 사람이 출세하려면 주변 사람이나 라이벌을 끊임없이 모략해야 한다며 "모략만이 성공의 비결이라는 것을 확신한다"고 밝혔다.

마키아벨리 전문가인 연세대 신학과 김상근 교수는 《마키아벨

리: 세상에서 가장 위험한 현자》라는 책에서 다른 관점을 보인다.

마키아벨리는 공직에 오르기 위해 강력한 후원자를 얻었다. 예나 지금이나 '내가 무엇을 아는가'보다 더 중요한 것이 있다. 그것은 '내가 누구를 아는가, 또 누가 나를 아는가'이다. 실력은 나에게 맡겨진 업무를 처리하는 능력이지만 그 능력을 발휘하는 기회는 내가 가진 인적 자원으로부터 출발한다. 마키아벨리가 발휘했던 술수의 증거는 남아 있지 않지만 자신이 갖고 있던 인적 자원을 최대한 활용했을 것이다.

그리운 사람이 되려는 노력

나이가 들면 마키아벨리처럼 출세에 도움이 되는 사람보다 나를 인정해 주고 슬픔이나 기쁨 등 내 감정을 교류할 수 있는 존재가 절실하다. 그러려면 나도 다른 사람에게도 충분한 관심과 지지를 보여 줘야 한다. 물론 상대의 성격에 따라 적절한 거리 유지도 필요하다. 또 언제나 나를 지지하고 응원해 주는 사람이 있다는 것, 나를 필요로 하는 이들이 있음에 자존감도 올라가는 것 같다. 그래서일까, 친구가 없는 사람들은 친구가 열 명 이상인 사람들에 비해 일찍 사망할 확률이 40퍼센트나 높다고 한다.

코로나 극성기에 모피 연구가인 팔순의 오영자 선생이 계단을 내려오다 넘어져 다리뼈가 부러졌다. 수술받았지만 코로나 시국이라 병원에 오래 입원할 수 없어 노인병원으로 가 재활치료까지 받느라 그곳에서 세 계절을 보냈다. 너무나 활동적인 그가 가족 면회도 안 되는 상황을 어떻게 견딜지 궁금했는데 전화를 주셨다.

"늙고 병들어 똑같은 환자복 입고 누워 있는 이곳에서 상류층은 부자도 권력자도 학식 높은 사람도 아니에요. 가족 친지들에게 수시로 안부 전화가 걸려 오고 과일부터 갈비찜까지 맛있는 음식을 선물 받아 나눠 주는 사람이 상류층이에요. 가족이 전화도 거의 안 하고 사과 한 알 보내 주는 사람이 없으면 무시당해요."

그의 '상류층 신분'을 입증하기 위해 나는 아귀찜을 선물로 보냈다.

나이 들어 안부 전화나 선물을 받으려면 평소에 그들에게 안부 문자라도 자주 보내고 만나면 밥이라도 사야 한다. 결국 노인병원이나 요양원에서 보낼 우리들의 '마지막 풍경'을 따뜻하게 만드는 것은 그동안 내가 보여 준 마음과 그리운 사람이 되려는 노력이다. 이런 내용을 연재하는 〈농민신문〉의 칼럼에 썼더니 인터넷상에서 돌고 돌아 내게로 100여 개의 문자가 왔다.

소설 《오베라는 남자》를 영화화한 〈오토라는 남자〉는 내 주변의 사람들이 얼마나 우리 인생을 변화시키는지 보여 준다. 사랑하던 아내를 병으로 떠나보내고 직장도 정년퇴직한 오토(톰 행크스 분)는 아내를 따라 저세상으로 가려고 전기, 핸드폰 등을 모두

끊어 버리고 세상과 단절하며 산다. 그런데 새로 이사 온 젊은 부부 가족들이 계속 이런저런 부탁을 해 오고, 아내의 제자였던 소년을 돕게 되면서 죽음을 응시하던 까칠한 꼰대 할배 오토의 시선은 다시 삶의 희망으로 향한다. 오토를 세상 밖으로 다시 이끈 이웃집 부인은 "걱정하고 도우려는 사람들이 있다는 건 행복한 거예요"라고 말한다.

아름다운 간격을 유지하며 이어지는 관계

80대가 되어도 좋은 두뇌 기능을 유지하는 사람들을 슈퍼 에이저Super Ager라고 부른다. 《내가 처음 뇌를 열었을 때》의 저자이자 뇌신경외과 의사이자 신경과학자인 라훌 잔디얼은 동년배와 비교했을 때 훨씬 외향적이고 사회적 접촉이 많은 이들은 치매 위험도 낮다고 말한다.

일본 규슈대 니노미야 토시하루 교수팀의 연구에서도 비슷한 결과가 나왔다. 친구가 적고 다른 사람들과 사회적 접촉이 거의 없는 노인들은 상대적으로 뇌 부피가 줄어들어 치매 위험이 높다는 것이다.

이처럼 건강을 유지하며 오래 사는 장수 요소는 '관계'다. 삶의 핵심은 물질이 아닌 인간관계다. 우리가 어떤 삶을 살지는 결국 우리가 손잡고 걸어온 사람들로 말할 수 있다.

그러나 가까운 사이일수록, 배우자나 자녀는 물론 친구 사이에도 너무 참견하거나 선을 넘는 행동을 하지 않아야 한다. 나이 들수록 가족이나 친구들에게 애착과 집착을 하게 된다. 집착은 상대를 숨 막히게 하고 달아나게 만든다. 손은 잡되 느슨하게 잡아야 사랑도 우정도 오래 지속된다. 아름다운 간격을 유지하면서 각자 개성을 존중하면서 이어지는 관계가 서로에게 약이 된다. 인간관계에서 선을 지키지 않으면 더 견고한 벽이 생긴다는 것을 나이 들면서 알았다.

미국 작가 비비언 고닉이 《아무도 지켜보지 않지만 모두가 공연을 한다》라는 책에 친구 관계에 대해 묘사한 문장이 내게는 나이 들어서의 이상적인 친구 관계로 느껴졌다.

내 친구인 사람들이 서로 친구는 아니다. 가끔씩 내 세계가 확장되는 기분이 들고 뉴욕 사람들이 모두 동류로 느껴질 때면, 이런 우정들은 느슨하게 연결된 목걸이의 구슬처럼 느껴진다. 각각이 서로 닿지는 않지만 그럼에도 내 목 아래쪽에 가볍지만 단단하게 자리 잡고 있어서 내게 마법 같은 연결감을 불어넣어 주는 구슬.

오늘도 나의 목걸이는 찰랑거린다. 매일 아침 친구들은 각자 종교에 따라 성경 구절과 불경을 보낸다. 감기 걸렸다고 어리광을 부리면 치유 기도를 해 준다. 정숙이는 직접 구운 피칸파이를 보내 주고 미국에 사는 안희경 작가도 안부 문자를 전한다.

다음 주에는 돌밥(돌아가면서 밥을 사는 모임) 친구들과 핫 플레이스라는 서촌의 식당에서 저녁을 먹는다. 후배 김후호정은 신안의 한 섬에 집을 샀다며 나중에 나의 집필실로 쓰라고 했고, 후배 박은주 국장은 자기가 정년 후 회사를 새로 차리면 나를 사원으로 채용하겠다고 약속했다.

60대 후반에 후배 덕분에 섬에 무료 집필실도 생기고 신입 사원으로 새 세상을 만날 수도 있다니 얼마나 축복인가. 결국 나의 지인들이 나를 규정하고 보호해 줄 환경임을 이제야 알아차렸다.

등 뒤로 불어오는 바람, 눈 앞에 빛나는 태양
옆에서 함께 가는 친구보다 더 좋은 것은 없으리.

_애런 더글러스 트림블

오십 너머에도 천 개의 태양이 빛나고 있다

'100세 시대'란 말도 이젠 진부해졌다.

세계 유수 기업들이 '장수 프로젝트'에 어마어마한 돈을 투자하고 있으니 120세 시대도 머지않았다. 하지만 각종 과학기술이나 의학의 발달이 늘려 준 것은 수명이 아니라 노년이다. 이제 유아용 기저귀보다 노인용 기저귀가 더 잘 팔리고 저출산으로 유치원보다 노인들을 위한 노치원 숫자가 늘어나고 있다. 럭셔리 실버타운을 비롯해 의료계나 여행상품뿐만 아니라 모든 상품들을 만들 때 노인들을 주목하고 집중적으로 공략하고 있다.

하지만 평균 수명이 늘어나도 여성의 생리는 대부분 50세 무렵에 끝나고 남성들 역시 50대면 직장에서 나와야 하거나 가정이나 사회에서 점점 지우개로 지워져 가는 느낌을 받는다. 그리고 재력이나 지위에 상관없이 체력도 지력도 떨어져 가는 50대 이후에도 여전히 남아 있는 50여 년을 살아 내야 한다.

숭실사이버대 이호선 교수는 《나이 들수록 머리가 좋아지는 법》이란 책에서 "자기 얼굴을 부끄러워하지 않는 사람이 제대로 사는 사람"이라면서 길어진 노년기를 재구성, 재해석, 재정립해야 한다고 강조했다.

나도 50대부터 뻔뻔할 만큼 내 얼굴을 부끄러워하지 않으려고 노력했다. 가장 쉬운 방법은 늙어 가는 자신, 놀랄 만큼 변하는 세상을 받아들이는 것이다. 내가 나이 들었다는 것을 인정해야 몸과 마음이 편하다. 사람들은 60대의 내게 30대의 팽팽한 피부나 순발력을 요구하지 않는다. 사실 관심도 없다.

그런데 생각해 보면 1990년대 초반 신문사가 갑자기 전산화되기 시작하면서 원고지가 하루아침에 노트북으로 바뀌어 독수리타법으로 기사를 치면서 짜증을 내던 때 내 나이가 30대 초반이었다. 우리는 매일 새로운 일과 환경에 당황하고 놀라고 버벅거리는 자신을 한심해하지만 나이 탓이 아니라 그게 인생이다.

나이 들어서의 장점은 내 약점이나 실수를 무기로 만들 수 있다는 것이다. 과거 나의 비극이나 흑역사가 늙어서 희극이 된다. 강의할 때도 "제 강의에 너무 많은 걸 기대하지 마세요. 전 쓸개 빠진 인간이거든요. 오래전 진짜 쓸개 제거 수술을 받았답니다"

라고 시작하면서 딱딱한 분위기를 해소한다. '실수 전문가'답게 과거에 너무 부끄러워 이불을 발로 차던 실수나 실패담이 모두에게 웃음을 주는 에피소드가 된다. 실수 부자가 웃음 부자로 늙어가며 환영받는 중이다.

나이 들면서 나는 지혜롭거나 현명해지지는 않았지만 확실히 편안하고 평화로워졌다. 과거 내가 겪었던 고통과 슬픔, 실수와 실패, 참담함과 부끄러움, 원망과 분노, 억울함과 답답함 등의 감정들이 더 이상 나를 찌르거나 피를 내거나 쓰러뜨리지 못한다는 것을 알게 되었기 때문이다. 슬픔 뒤에는 기쁨이, 웃음 뒤에는 눈물이 패키지로 따라온다는 것도 알아서 일희일비하지 않으려 한다. 그리고 그런 경험들을 통해 결국 쓴맛 뒤에 맛보는 달콤함, 구름이 걷히고 나온 햇살의 눈부심, 오해가 이해로 바뀌어 가는 과정의 황홀함, 뒤늦게 발견한 새로운 세상의 맛과 멋과 아름다움에 눈뜨게 되어, 지금까지 그럭저럭 잘 버텨 온 자신을 칭찬해 주고 싶어진다. "이 정도면 괜찮아"라고 말하며 나를 다독여 준다.

나의 노년기를 재해석하면서 고정관념을 깨뜨리기에 집중하고 있다. '사람은 절대 안 변한다'는 말을 나는 믿지 않는다. 사람은 몸의 세포도 24일 주기로 바뀌고 기호식품이나 취향, 세상을 보는 관점도 달라진다. 다른 사람을 변화시키기는 힘들지만 나 자신을 변하게 만들 수 있다. 주름 등 외면의 변화가 아니라 작은 습관, 말 한마디, 사람이나 사물을 보는 각도를 조금씩 바꾸려고 한다.

수시로 쉬던 한숨이나 원망, 빛의 속도로 찾아내던 타인의 단점, 내 정보나 신념이 맞다고 믿던 확신을 버려 가며 조금은 유연해진 나를 발견한다. 내 뇌와 마음을 말랑말랑하게 만들어 주는 것은 늙어 가는 자신에 대한 의무다.

'어른은 점잖아야 한다'는 고정관념도 버렸다. 진지하고 고상한 초상화는 박물관에서나 보고 나는 철없는 아이처럼 "어머머머", "와우" 등 감탄사를 연발하며 유치찬란하게 살고 싶다.

누가 쓰라고 등 떠밀지 않았지만 내가 쓰고 싶어서 매 꼭지마다 글을 이어 가는 시간이 즐거웠다. 잘 늙어 가는 것에 관한 글을 쓰면서 젊은 시절 여기저기 헤매느라 지친 몸과 마음이 조금 차분해지고 분노, 억울함, 서러움, 공포, 걱정 등의 포탄이 수시로 터지던 내 뇌가 나와 평화협정을 맺는 기쁨을 누렸다. 실전을 치러 본 선배들이 "쫄지 마!"라고 했던 말을 내가 나에게 해 준다.

인생은 누군가의 말처럼 거꾸로 읽는 미스터리 소설이다. 죽음이라는 결말을 뻔히 알면서 뒤죽박죽 뒤엉킨 삶을 견뎌내며 나이 들어간다. 하루에 걷는 걸음의 80퍼센트가 물건을 찾느라 돌아다닌 것이고 서랍장이 약이나 건강보조제로 채워지긴 하지만 나는 뜨거운 격정과 교환한 은은한 평화가 마음에 든다.

경이롭게도 주름진 내 목 뒷덜미에 느껴지는 봄 햇살의 온기,

아침에 마시는 커피의 그윽한 향기, 좋아하는 책을 읽거나 음악을 들을 때 느껴지는 전율, 마음 맞는 친구와의 식사와 대화 등에서 터뜨리는 폭소는 늙지 않는 것 같다.

내가 이 글을 쓰면서 느낀 즐거움을 독자들이 조금이라도 공감한다면 행복하겠다. 이 책에 소개된 내가 아는 모든 분들께도 감사드린다. 그분들이 모두 내게 선물이셨고 스승이셨다.

"고맙습니다!"

인도 격언에 "구름 저 너머에는 언제나 천 개의 태양이 빛나고 있다"는 말이 있다. 시련과 고난 속에서도 희망을 꿈꾸게 만드는 좋은 말이다. 이 말을 조금 변형해 독자들에게 전해 주고 싶다.

"오십 너머에도 천 개의 태양이 빛나고 있다."

《12가지 인생의 법칙》조던 B. 피터슨

《60대, 오히려 좋아》박희경

《가끔은 고독할 필요가 있다》구영회

《고독의 즐거움》헨리 데이비드 소로우

《곧 죽을 거니까》,《끝난 사람》우치다테 마키코

《군주론》,《로마사 논고》니콜로 마키아벨리

《굿 라이프》최인철

《그럴 수 있어》양희은

《그리고 생활은 계속된다》,《퇴사하겠습니다》,《피아노 치는 할머니가 될래》이나가키 에미코

《기분의 디자인》아키타 미치오

《기브 앤 테이크》애덤 그랜트

《긴즈버그의 차별 정의》루스 베이더 긴즈버그

《나는 앞으로 몇 번의 보름달을 볼 수 있을까》류이치 사카모토

《나는 침묵하지 않는다: 오리아나 팔라치, 나 자신과의 인터뷰》오리아나 팔라치

《나목》,《박완서의 말》박완서

《나이 들수록 머리가 좋아지는 법》이호선

《내 그림자가 나를 돕는다》데이비드 리코

《내가 생각한 인생이 아니야》류시화

《내가 처음 너를 열었을 때》라훌 잔디얼

《노년》시몬 드 보부아르

《노년에 관하여》마르쿠스 툴리우스 키케로

《노년의 역사》조르주 미누아

《단순한 열정》,《부끄러움》,《세월》,《집착》,《탐닉》아니 에르노

《도스토예프스키, 돈을 위해 펜을 들다》석영중

《마키아벨리: 세상에서 가장 위험한 현자》김상근

《목걸이》기 드 모파상

《무미건조한 오트밀에 레몬식초 2큰술을 더한 하루》타라 미치코

《발레를 배우며 생각한 것들》신예리

《배짱으로 삽시다》,《이시형의 신인류가 몰려온다: 일생 최후의
10년을 최고의 시간으로 만드는》이시형

《백내장》존 버거

《버나드 쇼: 지성의 연대기》헤스케드 피어슨

《버클리풍의 사랑 노래》황동규

《봄은 언제나 찾아온다》데이비드 호크니, 마틴 게이퍼드

《블루존》덴 뷰트너

《빨간 머리 앤》루시 모드 몽고메리

《사강 탐구하기》마리 도미니크 르리에브르

《상실의 기쁨》프랭크 브루니

《생각이 사람을 바꾼다》데일 카네기

《생의 마지막 날까지》홍신자

《슬픔이여 안녕》,《브람스를 좋아하세요...》프랑수아즈 사강

《아무도 지켜보지 않지만 모두가 공연을 한다》비비언 고닉

《애도 일기》롤랑 바르트

《에밀리》마이클 베다드, 바바라 쿠니

《에브리맨》필립 로스

《여자의 몸》문정희, 유인경

《오베라는 남자》프레드릭 배크만

《완벽한 날들》메리 올리버

《우아한 노년》데이비드 스노든

《이어령의 마지막 수업》김지수, 이어령

《이해인의 말》이해인, 안희경

《인생에서 너무 늦은 때란 없습니다》애나 메리 로버트슨 모지스

《잠시 혼자 있겠습니다》마이클 해리스

《좋은 삶을 위한 안내서》윌리엄 B. 어빈

《지혜롭게 나이 든다는 것》마사 누스바움, 솔 레브모어

《창조적 시선》김정운

《철학, 기쁨을 길들이다》프레데릭 르누아르

《카우치에 누운 정신분석가》장 다비드 나지오

《코코 샤넬: 세기의 아이콘》론다 개어릭

《클린트 이스트우드: 목표 없는 청년에서 세계적인 거장으로》마크 엘리엇

《틱낫한의 평화로움》틱낫한

《팡세》블레즈 파스칼

《편지》조르주 상드

《폴리애나》엘리너 H. 포터

《헤르만 헤세, 여름》헤르만 헤세

《The decisive moment(결정적 순간)》앙리 카르티에 브레송

애거사 크리스티 추리소설들

오십 너머에도 천 개의 태양이 빛나고 있지

초판 1쇄 발행 2024년 5월 12일
초판 4쇄 발행 2024년 6월 10일
지은이 유인경
펴낸이 이진영 배민수
기획 · 편집 밀리&셸리
디자인 허브
마케팅 태리
펴낸곳 (주)테라코타 **출판등록** 2023년 1월 13일 제2024-000068호
주소 서울특별시 마포구 어울마당로 130 기린빌딩 3층 3604호
메일 terracotta_book@naver.com
인스타그램 @terracotta_book

ⓒ 유인경, 2024
ISBN 979-11-93540-07-7   03190